Historische Zeitschrift – Sonderheft 18

Historische Zeitschrift – Sonderhefte

Herausgegeben von Lothar Gall

Band 18

Rom und die Städte des hellenistischen Ostens (3.–1. Jahrhundert v. Chr.)

Literaturbericht 1965–1995
von Rainer Bernhardt

R. Oldenbourg Verlag München 1998

Die Deutsche Bibliothek – CIP-Einheitsaufnahme

[Historische Zeitschrift / Sonderhefte]
Historische Zeitschrift. Sonderhefte. – München : Oldenbourg
  Früher Schriftenreihe
  Reihe Sonderhefte zu: Historische Zeitschrift. – Bis 16 (1992) u.d.T.:
Historische Zeitschrift / Sonderheft

  Bd. 18. Bernhardt, Rainer: Rom und die Städte des hellenistischen
  Ostens (3.–1. Jahrhundert v. Chr.). – 1998

Bernhardt, Rainer:
Rom und die Städte des hellenistischen Ostens (3.–1. Jahrhundert v.
Chr.) : Literaturbericht 1965–1995 / von Rainer Bernhardt. –
München : Oldenbourg, 1998
  (Historische Zeitschrift : Sonderhefte ; Bd. 18)
  ISBN 3-486-64448-3

© 1998 R. Oldenbourg Verlag GmbH, München
Rosenheimer Straße 145, D-81671 München
Internet: http://www.oldenbourg.de

Das Werk einschließlich aller Abbildungen ist urheberrechtlich geschützt. Jede Verwertung
außerhalb der Grenzen des Urheberrechtsgesetzes ist ohne Zustimmung des Verlages unzulässig und strafbar. Das gilt insbesondere für Vervielfältigungen, Übersetzungen, Mikroverfilmungen und die Einspeicherung und Bearbeitung in elektronischen Systemen.

Umschlaggestaltung: Dieter Vollendorf
Gedruckt auf säurefreiem, alterungsbeständigem Papier (chlorfrei gebleicht)
Gesamtherstellung: R. Oldenbourg Graphische Betriebe GmbH, München

ISBN 3-486-64448-3

Inhalt

Vorbemerkungen 7

Einleitung 9

I. Schwerpunkte und Fragestellungen der Forschung 11
   1. *Amicitia* / φιλία, *societas* / συμμαχία, *libertas* /ἐλευθερία ... 11
   2. *Foedera* 36
   3. Kultische Beziehungen 41
   4. Ehrungen griechischer Städte für die 'Ρωμαῖοι εὐεργέται und einzelne Römer 44
   5. Klientelverhältnisse griechischer Städte zu römischen Aristokraten 46
   6. Römische Eingriffe in die inneren Verhältnisse der griechischen Städte und die Haltung einzelner politischer und sozialer Gruppen gegenüber Rom 48
   7. Die römische Provinzialverwaltung im Osten und die Politik der griechischen Städte im Rahmen des römischen Herrschaftssystems 62
   8. Das Verhalten der griechischen Städte in Kriegen zwischen Rom und auswärtigen Mächten nach der Einrichtung römischer Provinzen 73
   9. Das Verhalten der griechischen Städte in römischen Bürgerkriegen 76
  10. Der Einfluß von ortsansässigen Römern und Italikern in griechischen Städten 77
  11. Die Auswirkungen der römischen Beziehungen zum Osten auf die Politik der Senatsaristokratie: „Ostexpertentum" und Philhellenismus 79
  12. Das Verhältnis zwischen Rom und den griechischen Städten im Spiegel der zeitgenössischen Literatur und die politische Rolle der Philosophenschulen in Athen 89

II. Tendenzen der Forschung 99

Bibliographie... 107

Abkürzungsverzeichnis 117

Register 119

Vorbemerkungen

Der vorliegende Literaturbericht geht auf eine Anregung Jochen Bleickens zurück und sollte als Artikel in der Historischen Zeitschrift erscheinen. Die zahlreichen vor allem seit der Mitte der achtziger Jahre erschienenen Arbeiten haben ihn länger werden lassen als ursprünglich geplant, und andere Verpflichtungen, nicht zuletzt der Aufbau des Faches Alte Geschichte an der Universität Rostock seit 1993, haben die Fertigstellung verzögert. Mein Dank gilt Jochen Bleicken und Lothar Gall, die sich freundlicherweise bereiterklärt haben, die erweiterte Fassung in die HZ Sonderhefte aufzunehmen.*

Durch das Thema „Rom – griechische Städte" wird das Verhältnis Roms zu den hellenistischen Großmächten im wesentlichen ausgeschlossen. Im übrigen habe ich mich bemüht, die neuesten Publikationen in den Vordergrund zu stellen und solche aus den sechziger und siebziger Jahren, die ihren gebührenden Platz schon in früheren Veröffentlichungen gefunden haben, nur soweit zu referieren, wie es zur Darlegung des jetzigen Forschungsstandes nötig war. Andererseits erwies es sich als notwendig, gelegentlich auf Werke zurückzugreifen, deren Erscheinungsdatum vor dem hier abgesteckten Zeitraum liegt, wenn sie als Basis für die heutige Diskussion anzusehen sind. Ferner wurden einige mir zugängliche Arbeiten aus dem Jahre 1996 einbezogen. Der Verfasser hofft, daß ein einigermaßen ausgewogener Überblick entstanden ist, der die Orientierung in diesem weitverzweigten Forschungsgebiet erleichtert.

Rostock, im März 1997 *Rainer Bernhardt*

---

* Dank sagen möchte ich auch Ute Henk für ihre engagierte Unterstützung bei der Fertigstellung des Manuskripts.

Einleitung

Die politischen Beziehungen Roms zu den griechischen Städten der hellenistischen Welt waren von langfristiger Bedeutung. Denn anders als die meisten Königreiche und Fürstentümer haben die Städte die Errichtung der direkten römischen Herrschaft überdauert und wurden sogar die wichtigsten Stützpfeiler der römischen Provinzialverwaltung. Dennoch sind sie Poleis[1]) geblieben, während die griechischen Städte des Westens allmählich dem Romanisierungsprozeß erlagen. Und auch in den Formen ihrer Beziehungen zu Rom hat sich ein beträchtliches Maß an Kontinuität aus der Zeit vor der Ausdehnung des römischen Reiches in den Osten erhalten und das Wesen des *imperium Romanum* mitgeprägt. Die Forschung hat diesem Sektor des griechisch-römischen Verhältnisses schon immer große Aufmerksamkeit gewidmet und sich davon zusätzliche Aufschlüsse über die Motive und Ziele der römischen Politik sowie über Form und Inhalt der römischen Suprematie bzw. Herrschaft versprochen. In den letzten rund zweieinhalb Jahrzehnten ist das Interesse an diesem Gebiet noch intensiver geworden, hat neue methodische Ansätze hervorgebracht und neue Perspektiven eröffnet. An übergreifenden Darstellungen sind die Arbeiten von *Werner Dahlheim*[2]), *Bettie Forte*[3]), *Jean-Louis Ferrary*[4]), *Jean-Marie Bertrand*[5]), *Edouard Will*[6]), *Erich Gruen*[7], *Adrian Sherwin-White*[8]), *Rainer Bernhardt*[9]), *Peter Green*[10]), *Andrew Lintott*[11]), *Friedemann Quaß*[12]) und *Robert Kallet-Marx*[13]) zu nennen, ferner die einschlägigen Kapitel in der Cam-

---

[1]) Zum Begriff Polis für die griechischen Städte sowohl des Mutterlandes als auch des Orients in hellenistischer Zeit siehe *Bernhardt*, Polis, 8–11.
[2]) *Dahlheim*, Struktur; *ders.*, Gewalt und Herrschaft.
[3]) *Forte*, Rome and the Romans.
[4]) *Ferrary*, Philhellénisme; *ders.*, Rome, les Balkans, la Grèce et l'Orient, 729–788.
[5]) *Bertrand*, Rome et la Méditerranée orientale, 789–845.
[6]) *Will*, Histoire politique; vgl. *ders.*, Le monde hellénistique, 391–493.
[7]) *Gruen*, The Hellenistic World.
[8]) *Sherwin-White*, Roman Foreign Policy.
[9]) *Bernhardt*, Polis; vgl. auch *ders.*, Imperium und *Eleutheria*.
[10]) *Green*, Alexander to Actium.
[11]) *Lintott*, Imperium Romanum.
[12]) *Quaß*, Die Honoratiorenschicht.
[13]) *Kallet-Marx*, Hegemony.

bridge Ancient History von *Malcolm Errington* [14]), *Peter Derow*[15]), *Christian Habicht*[16]), *Andrew Lintott*[17]), *John Hind*[18]) und *Adrian Sherwin-White*[19]).

Wichtig sind auch zahlreiche Spezialabhandlungen über begrenzte Zeitabschnitte und Themen, die eine erhebliche Vertiefung der wissenschaftlichen Diskussion bewirkten, sowie die Kommentare zu Polybios von *Frank Walbank*[20]), zu Livius von *John Briscoe*[21]), zu Poseidonios von *Willy Theiler*[22]) und *Ian Kidd*[23]), zu Appian von *Kai Brodersen*[24]) und zur Pompeius-Vita Plutarchs von *Herbert Heftner*[25]). Und last not least ist die Forschungslage durch aufsehenerregende inschriftliche Neufunde, Neudatierungen bekannter Inschriften und Neuergänzungen von Inschriftenfragmenten bereichert worden.

Ein Überblick über den gegenwärtigen Forschungsstand zeigt, daß einige ältere Positionen als überwunden gelten können, daß aber das Spektrum der divergierenden Interpretationen weiterhin breit ist, sogar breiter als je zuvor. Die folgende Literaturübersicht – hauptsächlich bis zum Jahr 1995 – erhebt keinen Anspruch auf absolute Vollständigkeit, versucht aber, das für die Grundzüge der griechisch-römischen Beziehungen Wesentliche aus den zahlreichen Einzelforschungen zu berücksichtigen. Die römische Provinzialverwaltung wird nur soweit miteinbezogen, wie es für das hier zu behandelnde Thema erforderlich ist.

---

[14]) *Errington*, Rome and Greece to 205 B. C., 81–106; *ders.*, Rome against Philip and Antiochus, 244–289.
[15]) *Derow*, Rome, the Fall of Macedon, 290–323.
[16]) *Habicht*, The Seleucids and Their Rivals, 324–387.
[17]) *Lintott*, The Roman Empire and Its Problems, 31–39.
[18]) *Hind*, Mithridates, 129–164.
[19]) *Sherwin-White*, Lucullus, Pompey and the East, 229–273.
[20]) *Walbank*, A Historical Commentary on Polybius.
[21]) *Briscoe*, A Commentary on Livy Books XXXI–XXXIII; XXXIV–XXXVII.
[22]) *Theiler*, Poseidonios. Die Fragmente.
[23]) *Kidd*, Poseidonius, II. The Commentary.
[24]) *Brodersen*, Appians Abriß der Seleukidengeschichte; *ders.*, Appians Antiochike.
[25]) *Heftner*, Plutarch und der Aufstieg des Pompeius.

I. Schwerpunkte und Fragestellungen der Forschung

1. *Amicitia*/φιλία, *societas*/συμμαχία, *libertas*/ἐλευθερία

Die spärlichen Nachrichten über Verbindungen zwischen Rom und griechischen Städten des Ostens vor 229 v. Chr. hat *Dankward Vollmer*[26]) kritisch gesichtet. Er kommt zu dem Resultat, daß es sich im wesentlichen um kulturelle und wirtschaftliche Beziehungen handelte. Soweit sie politischen Charakter annahmen, gingen sie anscheinend mehr von den Griechen als von den Römern aus. *Thomas Corsten*[27]) hat sich für die Historizität des angeblichen Hilfegesuchs der von den Aitolern bedrängten Akarnanen an Rom während des Ersten Punischen Krieges ausgesprochen. Die Römer, die wegen des Krieges gegen die Karthager nicht militärisch hätten eingreifen können, hätten sich auf diplomatischem Wege für die Akarnanen eingesetzt, wenn auch vergeblich. *Corsten* will darin ein Vorspiel zu den späteren Illyrischen Kriegen sehen.

Eine neue Qualität bekam das römisch-griechische Verhältnis mit dem Ersten Illyrischen Krieg, dessen dürftige und verschwommene Quellenüberlieferung sich jedoch dem Zugriff des Historikers weitgehend entzieht. Die ausführlichste Untersuchung stammt wieder von *Dankward Vollmer*[28]), der das Thema sowohl durch eine gründliche Einbeziehung der östlichen Gegner Roms als auch der römischen Westpolitik in einen größeren Rahmen stellt und ihm dadurch neue Aspekte abgewinnt. Zwar herrscht in der Forschung Einigkeit darüber, daß das Eingreifen Roms als Reaktion auf das expansive Vordringen der unter König Agron und später seiner Witwe Teuta gebündelten Macht illyrischer Stämme[29]) in die südliche Adriaregion zu verstehen ist, zumal die illyrische Expansion mit einer erheblichen Ausbreitung des staatlichen und privaten Seeraubs einherging[30]); aber schon der Anlaß der römischen Intervention ist umstritten und vor allem, ob und wie weit griechische Städte des Ostens daran beteiligt waren: *Dankward Vollmer*[31]) sieht, wie früher schon *Gerold Walser*[32]),

---

[26]) *Vollmer, Symploke*, 21–27.
[27]) *Corsten,* Hilferuf, 195–210; vgl. *Errington,* Rome and Greece, 81–106.
[28]) *Vollmer, Symploke*, 27–69.
[29]) Ebd. 35.
[30]) Ebd. 33f.; *Pohl,* Die römische Politik und die Piraterie, 78–89.
[31]) *Vollmer, Symploke*, 57.
[32]) *Walser,* Ursachen, 308–318.

Karl-Ernst Petzold[33]) und *Peter Derow*[34]), das auslösende Moment in dem bei Appian (Ill. 7,18) erwähnten Hilferuf von Issa an Rom, der aufgrund eines schon vorher bestehenden *amicitia*-Verhältnisses der Inselstadt erfolgt sei. Der Vergleich mit der Rolle Sagunts beim Ausbruch des Zweiten Punischen Krieges liegt hier nahe. *Vollmer* geht noch weiter und stellt die Hypothese eines Hilfegesuchs sogar des Aitolischen und des Achaiischen Bundes an Rom auf[35]), nachdem beide von den Illyrern militärisch geschlagen worden waren. Dagegen halten *Jean-Louis Ferrary*[36]), *Erich Gruen*[37]), *Gabriele Marasco*[38]) und *Hartel Pohl*[39]) die Nachricht Appians für unhistorisch und bevorzugen die Version des Polybios (2, 8), daß es allein die Beschwerden der Griechenstädte Unteritaliens über die Piraterie der Illyrer gewesen seien, die den römischen Senat veranlaßt hätten, zunächst diplomatisch, dann militärisch zu intervenieren. Allerdings bestreitet auch *Vollmer*[40]) den – zusätzlichen – Einfluß der unteritalischen Bündner auf Rom nicht. Es bleibt die Frage, warum der Senat dem Drängen der Gesandtschaften griechischer Städte diesmal nachgab, während er ihnen nach dem Zeugnis des Polybios früher kein Gehör geschenkt hatte. Während *Pohl*[41]) das veränderte Verhalten des Senats unter Berufung auf *Harry Dell*[42]) damit erklärt, daß die illyrische Piraterie erst in den Jahren kurz vor 229 stark zugenommen habe, und *Marasco*[43]) in diesem Zusammenhang auf die Bedrohung italischer Handelsinteressen, besonders des Exports italischer Güter in den Osten hinweist, sieht *Vollmer*[44]) die Entscheidung des Senats als Ausdruck eines infolge des Ersten Punischen Krieges erwachsenen neuen maritimen Bewußtseins: Der Senat habe nach der Annexion Siziliens, Sardiniens und Korsikas auch an der östlichen Küste Italiens eine Schutzzone einrichten wollen. *Errington*[45]) folgt dem Argument *Ernst Badians*[46]), daß in erster Linie die Besorgnis über die wachsende Macht des illyrischen Königreiches Rom zum Eingreifen veranlaßt habe.

Nach der Zerschlagung des Herrschaftsverbandes der Teuta ist aus dem Friedensvertrag die Absicht Roms klar erkennbar, die illyrische Militärmacht aus

---

[33]) *Petzold*, Rom und Illyrien, 199–223.
[34]) *Derow*, Kleemporos, 118–134.
[35]) *Vollmer*, Symploke, 65.
[36]) *Ferrary*, Rome, les Balkans, 732f.
[37]) *Gruen*, The Hellenistic World, Vol. 2, 360–367.
[38]) *Marasco*, Interessi commerciali, 36f.
[39]) *Pohl*, Römische Politik, 66f., 81–89, 93; vgl. *Harris*, War and Imperialism, 195f.
[40]) *Vollmer*, Symploke, 66.
[41]) *Pohl*, Römische Politik, 88 Anm. 108.
[42]) *Dell*, Origin and Nature, 344–358.
[43]) *Marasco*, Interessi commerciali, 35–112.
[44]) *Vollmer*, Symploke, 36, 83, 150; vgl. *Dahlheim*, Gewalt, 54.
[45]) *Errington*, Rome and Greece, 88.
[46]) *Badian*, Notes on Roman Policy, 72–93; ders., Foreign *Clientelae*, 44f.

der Region südlich von Lissos fernzuhalten.[47]) Dafür bereitet die Form, in der Rom seinen Einfluß auf die von den Illyrern befreiten Städte nach Kriegsende geltend machte, den Gelehrten um so größeres Kopfzerbrechen. Appian (Ill. 7, 19.20) berichtet, die Römer hätten schon während des Krieges Pharos, Kerkyra und Epidamnos in ihre φιλία aufgenommen, letztere Stadt schon, bevor sie die illyrischen Belagerer vertrieben.[48]) Später bezeichnen sie gegenüber Teuta die Städte Kerkyra, Pharos, Issa und Epidamnos als ihre ὑπήκooι. Dennoch lassen sie nach dem Friedensvertrag Kerkyra und Apollonia frei (ἀφῆκαν ἐλευθέρας). Mit den Begriffen φιλία und ἐλευθερία werden bereits anläßlich des ersten Auftretens der Römer auf dem Balkan zwei Termini genannt, die später in der römischen Ostpolitik eine dominierende Funktion haben sollten und um deren Bedeutung sich die Forschung bis heute bemüht. Deshalb ist es erforderlich, gerade auf diesen Abschnitt der römischen Ostpolitik etwas ausführlicher einzugehen. Bezüglich der oben angeführten Städte in Illyrien gebrauchte Polybios (3, 16, 3) die Wendung, sie seien ὑπὸ ʽΡωμαίους ταττομέναι, und Philipp V. behauptet 215 v. Chr. in seinem Bündnisvertrag mit Hannibal, die Römer seien ihre κύριοι.[49]) Welchen Status hat Rom diesen Städten gegeben? Ein Teil der Forschung deutet die φιλία als φιλία καὶ συμμαχία/ *amicitia et societas*, eine vertraglose Bündnerschaft, deren Inhalt nicht festgelegt, sondern, wie es *Werner Dahlheim* in seiner historisch-genetischen Studie über das völkerrechtliche Instrumentarium Roms[50]) umfassend darzustellen suchte, von Rom in verschiedenen geschichtlichen Situationen und Phasen unterschiedlich interpretiert worden sei. Betreffs der römischen Regelung für Illyrien hielt *Dahlheim* an dem von der älteren Forschung geprägten Begriff eines römischen „Protektorates"[51]) fest, mußte freilich einräumen, daß dessen Inhalt „rechtlich nicht zu fassen" sei.[52]) Weniger Bedenken hatte *Dietmar Kienast* (s. unten S. 31), der meinte, daß die *amicitia et societas* schon damals ein festes Herrschaftsverhältnis in der Form von „Freistädten" hergestellt habe.[53]) Auch *Jean-Louis Ferrary*[54]) definiert die Stellung der illyrischen Städte als römische

---

[47]) *Schmitt*, Staatsverträge, Bd. 3, Nr. 500.
[48]) Vgl. Polybius 2, 11, 5–12,3; anders *Dahlheim*, Struktur, 53 f., der gegen den Wortlaut der Quellen die Aufnahme in die φιλία erst nach Kriegsende ansetzt und meint, bis dahin hätten sich die Städte im prekären Zustand der Dedition befunden.
[49]) *Schmitt*, Staatsverträge, Bd. 3, Nr. 528.
[50]) *Dahlheim*, Struktur.
[51]) Vgl. dazu *De Martino*, Storia della costituzione romana, Vol. 2, 318; vgl. *Hammond*, The Illyrian Atintani, 25: „... The Roman „Protectorate" in the east was skilfully planned to serve whichever purpose seemed appropriate to her at any one time."
[52]) *Dahlheim*, Struktur, 54 Anm. 9.
[53]) Dagegen *Bernhardt*, Imperium, 27–31; ähnlich wie *Kienast* auch *Harris*, War and Imperialism, 135 f.: Da die Bezeichnung *amici et socii* sowohl auf Staaten außerhalb als auch auf „some or all" innerhalb römischer Provinzen angewendet worden sei, habe die *amicitia et societas* in jedem Fall ein Herrschaftsverhältnis begründet.
[54]) *Ferrary*, Philhellénisme, 24–43.

Untertanen, deren außenpolitische Vertretung Rom übernommen habe. Aber sein Hauptargument ist nicht die *amicitia et societas*, sondern eine Formulierung bei Livius (26, 24, 12), der anläßlich des Bündnisvertrages zwischen Rom und den Aitolern von 212/11 v. Chr.[55]) von *Romani sociique quique eorum dicionis essent* spricht. Damit werde, so *Ferrary*, zwischen unabhängigen und untertänigen Bündnern Roms unterschieden. Zu letzteren hätten die illyrischen Städte gehört. Dagegen bezieht *Vollmer*[56]) in Anlehnung an *Wilhelm Weissenborn eorum* nicht auf *Romani*, sondern auf *socii*, und folglich würden dann die untertänigen Bündner nicht in der *dicio* der Römer stehen, sondern befänden sich unter der Herrschaft römischer Bundesgenossen. In diesem Fall könnten die illyrischen Städte nicht gemeint sein. *Karl-Ernst Petzold*[57]) sieht in den Bündnern unter römischer *dicio* die den Römern untertänigen Städte auf Sizilien, Sardinien und Korsika. *Erich Gruen* vertrat die Auffassung, daß die mit *amicitia* bezeichnete zwischenstaatliche Beziehung nicht von den Römern den Griechen oktroyiert, sondern vielmehr griechischen Ursprungs und von den Römern übernommen worden sei. Dementsprechend versuchte er, den Gehalt der *amicitia* durch eine eingehende Untersuchung der Bedeutung von φιλία in der griechisch-hellenistischen Welt zu ermitteln und gelangte zu dem Ergebnis, daß die Aufnahme der illyrischen Städte in die *amicitia* keine permanenten Herrschaftsansprüche Roms begründet habe. Vielmehr habe Rom die illyrischen Städte in die Unabhängigkeit entlassen.[58]) Auch *Arthur Eckstein*[59]) und *Karl-Ernst Petzold*[60]) wiesen die These von der juristisch fixierten Abhängigkeit der illyrischen Städte von Rom zurück. *Petzold* konzedierte jedoch ein Abhängigkeitsverhältnis politischer Art: Die illyrischen Städte hätten mit ihrer Anlehnung an die römische Macht deren Schutz gegen illyrische Stämme und später gegen Makedonien gesucht. Für *Adrian Sherwin-White*[61]) stammen *amicitia* und *societas* weiterhin aus römischer Tradition. Doch will er die bloße *amicitia* scharf von der *amicitia et societas* getrennt wissen. Die letztere hätten die Römer nur an solche Staaten verliehen, die sich um die römische Sache verdient gemacht hätten, und dieser Status sei in der Regel mit einem *foedus* bekräftigt worden. Auf den *amici et socii* habe die römische Suprematie beruht, denn dieses Verhältnis habe die Verpflichtung zu gegenseitiger politischer und militärischer Unterstützung beinhaltet. Dagegen sei die bloße *amicitia* keine Auszeichnung gewesen und aus ihr sei nach Errichtung der direkten römischen Herrschaft der Status der *civitates stipendiariae* hervorgegangen. Zur Stellung

---

[55]) *Schmitt*, Staatsverträge, Bd. 3, Nr. 536.
[56]) *Vollmer, Symploke*, 63.
[57]) *Petzold*, Griechischer Einfluß, 236 f.
[58]) *Gruen*, The Hellenistic World, Vol. 1, 54–95.
[59]) *Eckstein*, Rez. zu *Ferrary*, Philhellénisme, 134.
[60]) *Petzold*, Griechischer Einfluß, 234–240.
[61]) *Sherwin-White*, Roman Foreign Policy, 66.

der illyrischen Städte äußert sich *Sherwin-White* nicht, da seine Untersuchung erst mit dem 2. vorchristlichen Jahrhundert beginnt.

Peter Derow (s. unten S. 36) erweckt aufgrund seiner Überprüfung des epigraphischen Befundes von Pharos eine einst von *Louis Robert* verworfene These zu neuem Leben, wonach Rom zumindest dieser Stadt, wahrscheinlich sogar allen fünf illyrischen Städten *foedera* verliehen habe. Er bringt das Interesse Roms an der Einbeziehung dieser Städte in seinen Machtbereich mit der römischen Kolonisationstätigkeit in Oberitalien in Verbindung.

Dem zweiten bei Appian erwähnten Grundbegriff, der ἐλευθερία/*libertas*, widmete *Werner Dahlheim*[62]) in seiner Analyse des provinzialen Herrschaftssystems der römischen Republik und seines Vorstadiums große Aufmerksamkeit. Auch *Jean-Louis Ferrary*[63])) führte seine minutiöse Erforschung der politischen Beziehungen zwischen Römern und Griechen weitgehend unter dem Blickwinkel der „Freiheit". Für *Dahlheim* ist „Freiheit" ein politischer und rechtlicher Zustand, der aus der Entscheidung der römischen Republik hervorgegangen sei, ihre Interessen östlich der Adria lediglich mit außenpolitischen Mitteln wahrzunehmen, anstatt ihre Provinzialherrschaft auf diese Gebiete auszudehnen; *Ferrary* faßt „Freiheit" in erster Linie als ideologischen und propagandistischen Begriff, mit dem Rom um die Städte des Ostens werben und zugleich seinen Anspruch auf Hegemonie geltend machen wollte. Ebenso behandelt *Erich Gruen*[64]) die „Freiheit der Griechen" unter der Rubrik „Slogans and Propaganda", kommt jedoch zu einer völlig anderen Bewertung ihrer politischen Bedeutung als *Ferrary* (s. unten S. 25).

Dahlheim wollte, wie vor ihm schon *Jakob Larsen*[65]) und *Ernst Badian*[66]), in der Verleihung der Freiheit an die illyrischen Städte die Vorstufe zur großen Freiheitserklärung der Römer an Griechenland im Jahre 196 v. Chr. erkennen. Dabei rückte er von seiner früheren Auffassung (s. oben) von einem wie immer gearteten römischen Protektorat in Illyrien ab und glaubte jetzt, die illyrischen Städte hätten „ihre volle Souveränität" zurückerhalten und seien lediglich verpflichtet gewesen, „wohlwollende Neutralität im Kriegsfall zu wahren und freundschaftliche Beziehungen" (zu Rom) „zu pflegen".[67]) Anders hatte *Badian* die „Freiheit" der illyrischen Städte eingeschätzt: Sie seien durch die Freiheitserklärung nicht unabhängig geworden, sondern „Klientelstaaten" in der Form von *civitates liberae*. Darunter verstand er Staaten im römischen Machtbereich außerhalb Italiens, denen gegenüber Rom als Zeichen des Wohlwollens

---

[62]) *Dahlheim*, Gewalt, 190–282.
[63]) *Ferrary*, Philhellénisme, 1–218.
[64]) *Gruen*, The Hellenistic World, Vol. 1, 132–157.
[65]) *Larsen*, Was Greece Free, 199.
[66]) *Badian*, Foreign *Clientelae*, 45 f.; ders., Notes on Roman Policy, 72–93.
[67]) *Dahlheim*, Gewalt und Herrschaft, 54, 191, 204 f. Ebenso *Vollmer*, Symploke, 62, der jedoch letztlich resignieren muß: „Was die 228 festgestellte volle Souveränität tatsächlich bedeutete, entzieht sich unserer Kenntnis."

auf die direkte Herrschaft und sogar jegliche vertragliche Bindung *(foedus)* verzichtet und ihnen einfach die „Freiheit" ohne weitere Definition verliehen habe. Gleichwohl seien diese Staaten nicht unabhängig geworden, sondern an die Stelle der juristischen sei die moralische Bindung an Rom getreten, nämlich die permanente Pflicht zur Dankbarkeit für das *beneficium* der „Freiheit", was in der Praxis den Verzicht auf eine eigene Außenpolitik und die Verpflichtung zu materieller und militärischer Unterstützung der Römer bedeutet habe, wenn diese in bestimmten Situationen auf Hilfsleistungen ihrer „Freistaaten" zurückgreifen wollten. Doch habe es keine Steuerpflicht gegenüber Rom gegeben. *Badian* meinte, den Ursprung dieser *civitates liberae* im Ersten Punischen Krieg auf Sizilien gefunden zu haben und von diesem Ausgangspunkt an einer Kontinuität römischer „Freiheits"politik über die Illyrischen Kriege hinweg bis zur Suprematie über Griechenland auf die Spur gekommen zu sein. Der Höhepunkt sei die römische Freiheitserklärung an den Isthmien in Korinth 196 v. Chr. gewesen.

Dieser originelle Ansatz provozierte Widerspruch von verschiedenen Seiten, findet aber bis in die jüngste Zeit auch Verteidiger. *Jochen Bleicken*[68]) kritisierte die Verwendung des Begriffs *clientela* als eines der gesamten römischen Außenpolitik zugrundeliegenden Prinzips. Im Grunde werde dadurch den Römern schon im 3./2. Jahrhundert v. Chr. in nicht berechtigter Weise ein Streben nach Weltherrschaft unterstellt. Im übrigen setze ein politisches Klientelverhältnis voraus, daß beide Seiten es als ein solches auffaßten, was aber wenigstens bei den Griechen in dieser Zeit nicht der Fall gewesen sei. *Erich Gruen*[69]) wies nach, daß der Begriff *clientela* in der antiken Literatur im wesentlichen erst seit der ausgehenden Republik zur Beschreibung von politischen Beziehungen zu anderen Staaten verwendet wird und selbst dann nicht als Terminus technicus, sondern eher in moralisierender Absicht und im übertragenen Sinn. Ebenso betonte *Ferrary*[70]), daß Polybios niemals von einem Kollektivpatronat der Römer über ein Klientelvolk spreche und auch in der lateinischen Literatur die Begriffe *patrocinium* und *clientela* für den außenpolitischen Bereich nur metaphorisch gebraucht würden. Dagegen verteidigte *T. Yoshimura*[71]) Badians Begriff des Klientelstaates in etwas eingeschränkter Form: Zwar sei der Terminus eine Metapher, treffe aber faktisch immer dann zu, wenn sich auswärtige Staaten der Leitung Roms anschlössen „in einer Form, die über Staats- und Völkerrecht hinausging". Auch *Malcolm Errington*[72]) sprach sich für die Beibehaltung von *clientela* als außenpolitischer Grundvorstellung der Römer aus. Typisch für dieses Verhältnis sei es gewesen, daß der *patronus* Rom seine Er-

---

[68]) *Bleicken,* Rez. zu *Badian,* Foreign *Clientelae,* 176–187.
[69]) *Gruen,* The Hellenistic World, Vol. 1, 158–200.
[70]) *Ferrary,* Philhellénisme, 117 f.
[71]) *Yoshimura,* Zum römischen *libertas*-Begriff, 17.
[72]) *Errington,* Neue Forschungen, 93–106.

wartungen an politischem Wohlverhalten gegenüber den griechischen *amici* nicht im einzelnen formuliert, sondern auf deren allgemeine Loyalität gezählt habe. Gerade dies unterscheide Rom von hellenistischen Herrschern, die als „Wohltäter" griechischer Städte auftraten. Vor allem gegenüber *Bleicken* und *Dahlheim* bekannte sich *Errington* zu der Auffassung, daß *Badians* Ansatz, die römische Außenpolitik nicht vom „Völkerrecht", sondern von den gesellschaftlichen Verhältnissen in Rom her zu erklären, grundsätzlich richtig sei.

Rainer Bernhardt[73]) wandte sich gegen den Gebrauch des Begriffs *civitas libera* bei *Badian*. In seiner Untersuchung über die römische Politik gegenüber den freien Städten des griechischen Ostens kam er zu dem Schluß, daß die „Freiheit" der *civitates liberae* von Anfang an die Bedeutung „Befreiung von der römischen Provinzialherrschaft" gehabt habe und die *civitates liberae* erst nach der Einrichtung römischer Provinzen entstanden seien, also im Osten nach 148 v. Chr. (s. unten S. 31). Folglich seien diejenigen Städte des Ostens, die die Römer vor der Einrichtung von Provinzen für frei erklärten, nicht als *civitates liberae* im technischen Sinn zu verstehen.[74]) Ihre Freiheit sei qualitativ eine andere gewesen. Auch *Werner Dahlheim*[75]) machte einen grundsätzlichen Unterschied zwischen der „Freiheit" der *civitates liberae* auf Sizilien, die er lediglich als ein administratives Privileg innerhalb der römischen Provinzialordnung verstand, und der Freiheit der Staaten östlich der Adria. Nach *Badians* Auffassung[76]) repräsentieren diese Definitionen der *civitas libera* ein spätes Entwicklungsstadium, während seine Konzeption sich auf den ursprünglichen Zustand beziehe. Da aber die Quellen keine andere eindeutige inhaltliche Bestimmung der *civitas libera* als die der späten Republik und der Kaiserzeit geben (s. unten S. 31), bleibt *Badians* Ansicht notwendigerweise spekulativ. Deshalb befürwortete *Bernhardt* die umgekehrte Lösung: *Badians* ursprüngliche *civitas libera* im Ersten Punischen Krieg auf Sizilien sei die Vorstufe, aus der später die eigentliche Freistadt hervorgegangen sei. *Ferrary*[77]) stellte sogar die These auf, daß es auf Sizilien überhaupt keine Freistädte gegeben habe, weder im 3. Jahrhundert v. Chr. noch zur Zeit Ciceros. Bei den von Cicero angeführten *civitates sine foedere immunes ac liberae* handele es sich nicht um Freistädte, sondern lediglich um Städte, die von der Zahlung des *decumanum frumentum* befreit waren: „La formule *immunis ac libera* ne signifie pas dans ce contexte ‚libre et (en particulier) exempt de taxes', mais ‚exempt et libre de taxes'…". Aber auch wenn man das Problem der Entstehung der *civitates liberae* beiseite läßt, ist

---

[73]) *Bernhardt*, Imperium und *Eleutheria*, 19–32; ders., Die Entwicklung, 411–424; vgl. *Gruen*, The Hellenistic World, Vol. 1, 145 Anm. 78.
[74]) Zustimmend *Ferrary*, Philhellénisme, 22 Anm. 70; ebd. 212; vgl. *Yoshimura*, Zum römischen *libertas*-Begriff, 153.
[75]) *Dahlheim*, Gewalt und Herrschaft, 186–190.
[76]) *Badian*, Hegemony and Independence, 408 Anm. 49.
[77]) *Ferrary*, Philhellénisme, 5–23; ablehnend *Lintott*, Imperium Romanum, 200 Anm. 67.

festzustellen, daß es in den Kriegen um Sizilien und Illyrien im 3. Jahrhundert v. Chr. keine römische Freiheitspropaganda gegeben hat, wie sie sich während des Zweiten Makedonischen Krieges entwickelte, so daß nicht einmal in rein propagandistischer Hinsicht von einer Kontinuität römischer Freiheitspolitik vom Ersten Punischen Krieg bis zum Eingreifen der Römer in Griechenland und Kleinasien gesprochen werden kann.[78]) Daher hat sich die Auffassung durchgesetzt, daß es sich um verschiedene Phasen der römischen Politik handelt[79]), auch wenn über den rechtlichen Status der griechischen Städte in den einzelnen Regionen in der Forschung keine Einigkeit herrscht.

In Griechenland hat Rom im Ersten Makedonischen Krieg zwar vertraglich besiegelte Bündnisse geschlossen, jedoch nur für die Dauer des Krieges, offensichtlich in der Absicht, sich nach Kriegsende wieder völlig zurückzuziehen. Erst im Verlauf des Zweiten Makedonischen Krieges haben die Römer die Etablierung einer dauerhaften politischen Ordnung östlich von Illyrien angestrebt: die Verhinderung jeder weiteren makedonischen Expansion und die permanente Beschränkung Makedoniens auf sein Kernland. Dabei ist allerdings zu beachten, daß sie von etlichen Staaten des Ostens, darunter auch Städten, die mit Makedonien im Krieg lagen, zum militärischen Eingreifen regelrecht gedrängt wurden. Die römische Forderung an Philipp lautete zunächst: τῶν Ἑλλήνων μηδενὶ πολεμεῖν (200 v. Chr.), später: ἐκχωρεῖν ἁπάσης τῆς Ἑλλάδος (198 v. Chr.). *Badian*[80]) hielt es für das alleinige Verdienst des Flamininus, daß aus diesen realpolitischen Zielen schließlich die 196 v. Chr. mit großem propagandistischen Aufwand verkündete römische Freiheitserklärung für Griechenland hervorging. Mit diesem Schritt hätten die Römer die seit den Perserkriegen und später von Philipp II., Alexander und den Diadochen umgeformte griechische Freiheitstradition aufgegriffen und versucht, eine Interessenidentität zwischen ihren politischen Zielen und dem Unabhängigkeitsstreben der griechischen Städte gegenüber den Hegemonialansprüchen Makedoniens herzustellen. *Ferrary*[81]) will Zeitpunkt und Umstände dieser Freiheitskonzeption noch genauer bestimmen: Sie sei nicht erst nach der Schlacht bei Kynoskephalai entstanden, sondern Flamininus habe die römische Forderung an Philipp, ganz Griechenland zu räumen, spätestens seit der Konferenz von Lokris Ende 198 auch als Verzicht der Römer interpretiert, ihrerseits anstelle Makedoniens Griechenland zu beherrschen.[82]) Er habe damit nach dem Scheitern seines Durchbruchsversuchs nach Makedonien in Thessalien die militäri-

---

[78]) Vgl. *Gruen*, The Hellenistic World, Vol. 1, 144 f.; *Ferrary*, Philhellénisme, 4, 24.
[79]) So auch *Rich*, Patronage, 121 f., der den Status der „freien" Städte Siziliens und Illyriens für eine nicht näher bestimmbare Form der Untertänigkeit unter Rom hält, die mit der indirekten Hegemonie der Römer über Griechenland und Kleinasien nicht zu vergleichen sei.
[80]) *Badian*, Foreign *Clientelae*, 66–75.
[81]) *Ferrary*, Philhellénisme, 58–69.
[82]) Dazu kritisch *Errington*, Rez. zu *Ferrary*, Philhellénisme, 120.

sche Schlappe durch einen diplomatischen Erfolg ausgleichen und die Koalition der mit Rom verbündeten griechischen Staaten von der Gruppe der herkömmlichen Feinde Makedoniens auf alle freien griechischen Staaten erweitern wollen. Dagegen sehen *Arthur Eckstein*[83]) und *Karl-Ernst Petzold*[84]) den achaiischen Staatsmann Aristainos als eigentlichen Urheber der Freiheitsparole an. Flamininus habe diese lediglich aufgegriffen und gegenüber den Bedenken des Senats durchgesetzt, dem es eigentlich nur um die Auflösung des Hellenenbundes gegangen sei. Das unmittelbare Vorbild für die Freiheitserklärung von 196 sieht *Ferrary*[85]), wie andere vor ihm[86]), in der Freiheitsdeklaration des von Antigonos Doson geschaffenen Hellenenbundes zu Beginn des Bundesgenossenkrieges 220 v. Chr.[87]), die wahrscheinlich schon auf die Gründungsakte der Symmachie im Jahre 223 zurückgehe[88]), während *Eckstein* eher auf die allgemeine Freiheitstradition in der Politik des Achaiischen Bundes hinweist.[89])

Gegen eine juristische Interpretation der Freiheitsproklamation von 196 hat sich noch einmal *Erich Gruen*[90]) gewandt. Er geht noch weiter: Nicht einmal eine besondere moralische Verpflichtung habe sie den Römern auferlegt – ausgenommen den Abzug aus Griechenland, der aber schon vorher beschlossene Sache gewesen sei. Vielmehr sei Rom mit der Übernahme der griechischen Freiheitsformel in die Fußstapfen der hellenistischen Mächte getreten, d. h. es habe diese Formel lediglich als ein nicht allzu ernst zu nehmendes Propagandainstrument betrachtet, mit dem man die eigenen Interessen werbewirksam bemänteln konnte.[91]) Ein Dutzend Jahre zuvor hatte *Robert Werner*[92]) noch von einer ethischen Schutzverpflichtung der Römer zur Wahrung der griechischen Freiheit gesprochen, welche seit 196 zwangsläufig zu einer latenten Hegemonie Roms über Hellas geführt habe. Auch *Ferrary* spricht von einer „feierlichen Freiheitsgarantie", die mit Absicht in Korinth verkündet worden sei, wo 481/80 der Hellenenbund die Verteidigung der Freiheit Griechenlands gegen Xerxes beschlossen hatte.[93]) Doch versteht er sie nicht als Manifestation eines idealistischen Philhellenismus, sondern Rom habe ganz bewußt einen Hegemonialanspruch gegenüber den für frei erklärten griechischen Staaten angemeldet.[94])

---

[83]) *Eckstein*, Polybius, 45–71.
[84]) *Petzold*, Griechischer Einfluß, 209–245.
[85]) *Ferrary*, Philhellénisme, 83 f.
[86]) Zu früheren Vertretern dieser These siehe *Ferrary*, Philhellénisme, 83 Anm. 133.
[87]) Für *Gruen*, The Hellenistic World, Vol. 1, 141, ist diese Freiheitsdeklaration nur *ein* Beispiel unter vielen, die insgesamt den Römern als Vorbild gedient hätten.
[88]) Diese Vermutung geht auf *Julius Kaerst* zurück (*Ferrary*, Philhellénisme, 84 Anm. 135).
[89]) *Eckstein*, Polybius, 67.
[90]) *Gruen*, The Hellenistic World, Vol. 1, 146 Anm. 85
[91]) Ebd. 145–151, 157.
[92]) *Werner*, Das Problem des Imperialismus, 554.
[93]) *Ferrary*, Philhellénisme, 82–88.
[94]) Ebd. 85 f., 99–104; vgl. *Dahlheim*, Struktur, 88.

Sogar der Abzug aus den drei „Fesseln" Griechenlands habe mehr der persönlichen politischen Auffassung des Flamininus als der des römischen Senats entsprochen.[95] Zwar wissen wir nicht, ob der Senat tatsächlich eine permanente Stationierung römischer Truppen in den drei „Fesseln" Demetrias, Chalkis und Korinth anvisiert hatte, aber die Forschung hat längst erkannt, daß er den griechischen Staaten die Freiheit eigentlich nur soweit gewähren wollte, wie sie mit den politischen Interessen Roms unmittelbar in Einklang zu bringen war. Erst infolge der Überredungskünste des Flamininus und des massiven Protestes der Aitoler hatte sich die Senatskommission auf das Wagnis eingelassen, auf die griechische Dankbarkeit für die Freiheitsgewährung zu setzen und in ihr die beste Garantie für die Wahrung römischer Interessen zu sehen. Und selbst dann blieb die Freiheitsproklamation in Korinth vage. Sie begründete keine politische Doktrin; sie war nicht einmal eine programmatische Erklärung, sondern ließ bezüglich der Regelungen im einzelnen vieles offen.[96] *Karl-Ernst Petzold*[97] rückt die Freiheitserklärung inhaltlich in die Nähe der Freilassung der illyrischen Städte und versteht sie nicht als Willenserklärung, sondern als Willensakt in Gestalt der Freilassung, wie sie sonst nach einer *deditio* vorgenommen wurde. Er begründet dies damit, daß die Proklamation die Rechtsfolge eines Vertrages zwischen Rom und Philipp V. gewesen sei.

Für die Beurteilung des Flamininus bleibt die bekannte Studie *Ernst Badians*[98] weiterhin grundlegend, der abseits von den extremen Verzerrungen zum „Idealisten" (*Theodor Mommsen* u. a.) oder „Machiavellisten" (*Carl Peter* u. a.) das Bild eines Politikers zeichnet, der seine – wenn auch oberflächliche – philhellenische Gesinnung mit den Erfordernissen der römischen Realpolitik in Einklang zu bringen versuchte. *Ferrary*[99] betont ergänzend die geradezu hellenistisch anmutende *philodoxia* dieses Römers, die auch seine politischen Entscheidungen erheblich mitbeeinflußt habe.[100]

Der Krieg der Römer und ihrer griechischen Verbündeten gegen Nabis von Sparta zeigte deutlich, wie beliebig die Freiheitsformel für verschiedene politische Zwecke instrumentalisiert werden konnte: Offiziell war das Kriegsziel die Befreiung der Argiver von der Herrschaft des spartanischen Tyrannen[101], in Wirklichkeit spekulierte der Achaiische Bund auf einen ansehnlichen Territorialgewinn, während der Krieg den Römern einen willkommenen Vorwand

---

[95] *Ferrary*, Philhellénisme, 96–99.
[96] *Dahlheim*, Struktur, 90–98; *Bernhardt*, Imperium, 34–42; *Ferrary*, Rome, les Balkans, 742.
[97] *Petzold*, Griechischer Einfluß, 225.
[98] *Badian*, Titus Quinctius Flamininus, 273–327.
[99] *Ferrary*, Philhellénisme, 112–117.
[100] Zur Darstellung des Flamininus bei Livius vgl. *Carawan*, Graecia Liberata, 209–252. Zur Beurteilung des Flamininus vgl. unten S. 87.
[101] Vgl. *Cartledge/Spawforth*, Hellenistic and Roman Sparta, 59–79; zum Regime des Nabis in Argos vgl. *Eckstein*, Nabis and Flamininus, 213–233.

bot, um angesichts des bedrohlichen Aufmarsches Antiochos' III. in Thrakien den versprochenen Abzug aus Griechenland zu verzögern. Wie schlüpfrig aber auch für die Römer die Freiheitsideologie war, bekamen sie wenig später zu spüren, als sie sich weigerten, Nabis auch aus Sparta zu vertreiben und diese Stadt ebenfalls dem Achaiischen Bund zu überlassen[102]): Plötzlich galten sie nicht mehr als Befreier, sondern als Helfershelfer des Tyrannen, und es bedurfte beim Abzug der römischen Truppen 194 v. Chr. einer erneuten Propagandaveranstaltung in Korinth, um ihr Ansehen als Befreier Griechenlands wieder aufzupolieren.[103])

Auch im Konflikt mit Antiochos III. hielt die Freiheitsformel nicht, was sich Flamininus von ihr versprochen hatte. Zwar versuchten die Römer schon unmittelbar nach der Freiheitsproklamation von Korinth, diese auch als politisch-moralisches Argument gegen die Expansion des Seleukiden nach Westen zu verwenden. Ihre Forderung hieß: Keine griechische Stadt dürfe von irgend jemandem bekriegt werden noch irgend jemandem untertänig sein. Doch machte ihnen der König bald die Rolle des Befreiers streitig mit dem Anspruch, seinerseits denjenigen Städten, die sich ihm freiwillig anschlössen, die Freiheit zu gewähren, wobei er an die von Alexander d. Gr. begründete Tradition der Freiheitsverleihung an Städte als königliches Privileg anknüpfte.[104]) Und in Griechenland propagierten er und seine Verbündeten, die Aitoler, sogar die „Befreiung von der römischen Hegemonie", wenn auch mit geringem Erfolg.[105]) In den folgenden Jahren gerieten die Römer politisch so weit in die Defensive, daß sie dem König 193 v. Chr. auf der Konferenz von Rom sogar ein politisches Tauschgeschäft anboten: Preisgabe der Freiheit der kleinasiatischen Städte, wenn Antiochos seine Truppen aus Europa abzöge.[106]) Die Gesandten des Antiochos lehnten ab. Auch bezüglich Griechenlands traute man den Römern politische Konzessionen an die Realpolitik zu. So argwöhnte das erst 196 v. Chr. von makedonischer Herrschaft befreite Demetrias, die Römer könnten in Geheimverhandlungen dem Makedonenkönig die Wiedergewinnung der Stadt als Belohnung für militärische Unterstützung in einem eventuellen Krieg gegen Antiochos in Aussicht gestellt haben. Als Flamininus diese Befürchtungen nicht zerstreuen konnte, vollzog Demetrias den Übergang zu Antiochos, wo-

---

[102]) Zum Einfluß der Spartalegende auf die römische Politik in der ersten Hälfte des 2. Jahrhunderts v. Chr. siehe *Bonnefond-Coudry*, Mythe de Sparte, 81–110.
[103]) Vgl. *Bernhardt*, Imperium, 42–44.
[104]) Vgl. *Dahlheim*, Gewalt und Herrschaft, 195 Anm. 59; *Seager*, Freedom of the Greeks, 106–112; *Gruen*, The Hellenistic World, Vol. 1, 149.
[105]) Dazu *Bernhardt*, Imperium, 45–51; *Gruen*, The Hellenistic World, Vol. 1, 150 f.
[106]) *Badian*, Rome and Antiochus, 81–99; *Gruen*, The Hellenistic World, Vol. 1, 148, Vol. 2, 627 f.; *Ferrary*, Philhellénisme, 144–146; vgl. *Errington*, Rom, Antiochos d. Gr., 279–284.

durch der Krieg zwischen dem König und Rom ausgelöst wurde, den beide Seiten hatten vermeiden wollen.[107])

Daß der Senat bei der territorialen Neuordnung Kleinasiens nach dem Sieg über Antiochos die politische Linie des Flamininus wieder verließ und auf Drängen des Königs Eumenes von Pergamon das Prinzip der Freiheit für alle griechischen Städte den politischen Nützlichkeitserwägungen unterordnete, war in der Forschung schon immer unbestritten. Diese Abkehr vom Ideal der griechischen Freiheit erscheint nach der gründlichen Untersuchung von *Donald Baronowski*[108]) noch radikaler. Glaubte man bis dahin, daß wenigstens diejenigen Städte, die vor der Schlacht bei Magnesia von Antiochos abgefallen und auf die römische Seite getreten waren, mit der Freiheit belohnt wurden, so schränkt *Baronowski* die Freiheit auf diejenigen Städte ein, die vor und während des Krieges ihre Unabhängigkeit bewahrt hatten. Alle anderen Städte seien Pergamon oder Rhodos zugeteilt worden, wenn auch unter verschiedenen Bedingungen: Diejenigen Städte, die bis zur Schlacht bei Magnesia tributpflichtige Untertanen des Antiochos, aber in früherer Zeit niemals dem König Attalos I. von Pergamon steuerpflichtig gewesen seien, seien zwar schon 189 der pergamenischen Herrschaft unterstellt, jedoch mit dem Privileg der Steuerfreiheit versehen worden; 188 habe der Senat dann entschieden, denjenigen Städten, die vor der Schlacht bei Magnesia von Antiochos abgefallen, auf die römische Seite übergetreten, während des restlichen Krieges loyale Bundesgenossen geblieben und früher niemals Attalos I. tributpflichtig gewesen waren, lediglich den gleichen Status – also nicht die Freiheit – zu geben. Alle übrigen Städte seien tributpflichtige Untertanen von Pergamon oder Rhodos geworden.

Haben die Römer nach dieser politischen Neuordnung der östlichen Regionen eine Suprematie über die freien Städte für sich beansprucht, und wenn das der Fall war, welche theoretische Rechtfertigung und welche Form haben sie dafür entwickelt? Die ältere, juristisch orientierte Forschung (vor allem *Theodor Mommsen, Pierre Willems* und *Eugen Täubler*) verstand die Freiheitserklärungen als Rechtsakte, die Rom jederzeit habe widerrufen können. Die von Rom den griechischen Städten verliehene ἐλευθερία sei eine Freiheit auf Widerruf, d.h. eine prekäre Freiheit gewesen, die aus der Dedition hervorgegangen sei. Auf dieser Prekarietät habe die römische Suprematie beruht. Diese Rechtskonstruktion hat bereits *Alfred Heuß*[109]) mit guten Gründen zurückgewiesen. Auch *Bettie Forte*[110]), *Jean-Louis Ferrary*[111]) und *Christian Storm*[112]) sehen in der Rolle der Römer als Garanten der Freiheit die Basis für ihren Hegemoni-

---

[107]) *Bernhardt*, Imperium, 49.
[108]) *Baronowski*, The Status, 450–463.
[109]) *Heuß*, Die völkerrechtlichen Grundlagen, 100–113.
[110]) *Forte*, Rome and the Romans, 25–27.
[111]) *Ferrary*, Philhellénisme, 117–132.
[112]) *Storm*, Freiheit als Geschenk?, 65–86.

alanspruch, jedoch nicht im juristischen, sondern im ideologischen Sinn. Darin besteht für *Ferrary* der grundlegende Unterschied zur angeblich juristisch fixierten Abhängigkeit der illyrischen Städte von Rom nach dem Ersten Illyrischen Krieg (s. oben S. 13 f.). Für *Forte* lag der Keim zum späteren Zerwürfnis zwischen Römern und Griechen in der unterschiedlichen Auffassung von Freiheit: Für die Römer habe *libertas* das Abhängigkeitsverhältnis eines Freigelassenen zu seinem *patronus* impliziert, während die Griechen ἐλευθερία mit Unabhängigkeit und Demokratie assoziiert hätten. Ähnlich argumentierten *T. Yoshimura*[113]) und *Karl-Ernst Petzold*[114]). *Yoshimura* übertrug den hierarchischen Freiheitsbegriff der römischen Gesellschaft, der von Werten wie *auctoritas* und *dignitas* geprägt gewesen sei, auf die außenpolitische Vorstellungswelt der Römer, wo *libertas*, *auctoritas* und *imperium* bzw. *imperare* miteinander korrelat gewesen seien. Die Römer hätten von den Griechen – wenn auch von Fall zu Fall mit unterschiedlicher Intensität – erwartet, daß sie sich in ihrem außenpolitischen Verhalten römischen Interessen unterordneten. Die Griechen, deren Freiheitsbegriff mit ἰσότης verknüpft gewesen sei, hätten den römischen *libertas*-Begriff erst nach langem Sträuben unter dem Druck der Machtverhältnisse akzeptiert. *Petzold* spricht von einer „gewissen Tragik, daß die Griechen mit dem römischen Freiheitsbegriff nicht vertraut" gewesen seien. Für *Christian Storm* gehört der Freiheitsbegriff, wie er bei Polybios, Livius und Pompeius Trogus verwendet wird, zur imperialistischen Nomenklatur der Römer. Freiheit sei in Wirklichkeit ein „Freistehen für römische Interessen" gewesen. Nach *Ferrary* bestand ein solcher Unterschied in der außenpolitischen Freiheitsauffassung zwischen Griechen und Römern nicht. Die freien Städte Griechenlands und Kleinasiens seien lediglich aus Dankbarkeit moralisch verpflichtet gewesen, bei ihrer Politik römische Interessen zu berücksichtigen. Als Ausdruck dieser Pflicht zur Dankbarkeit, der sowohl ein Element des griechischen wie des römischen Politikverständnisses gewesen sei, interpretiert er vor allem die Formel von den Römern als κοινοὶ εὐεργέται[115]), die freilich nicht vor 182 v. Chr. belegt ist und sich erst nach Pydna und später unter der direkten römischen Herrschaft häufiger findet. Doch hätten die Griechen begreiflicherweise versucht, ihre Dankbarkeitspflicht in der praktischen Politik so auszulegen, daß ihr Handlungsspielraum davon möglichst wenig eingeschränkt worden sei. Das – aus Polybios – bekannteste Beispiel ist die Politik des Achaiischen Bundes unter Philopoimen[116]), die darauf angelegt war, trotz des grund-

---

[113]) *Yoshimura*, Zum römischen *libertas*-Begriff, 1–22.
[114]) *Petzold*, Griechischer Einfluß, 244.
[115]) Anders *Gruen*, The Hellenistic World, Vol. 1, 185 f., der in dieser Formel lediglich ein konventionelles Mittel griechischer Staaten sieht, sich bei hellenistischen Monarchen und den Römern Vorteile zu verschaffen.
[116]) Grundlegende Biographie von *Errington*, Philopoemen; vgl. *Deininger*, Der politische Widerstand, 108–127; *Kashtan*, L'impérialisme romain, 211–220; *Bastini*, Der achaiische Bund, 63–115.

sätzlichen Zusammengehens mit Rom unliebsame römische Einmischungen in die peloponnesischen Angelegenheiten abzuwehren. *Ferrary*[117] wendet sich in diesem Zusammenhang gegen die These *Erringtons*[118], der zufolge die Politik Philopoimens zunächst auf einem Mißverständnis des römischen *clientela*-Begriffs und später auf einer bewußten Ausnutzung seiner definitorischen Unschärfe basiert habe. Vielmehr habe Philopoimen geglaubt, daß der Achaiische Bund mit seinem frühzeitigen Eintritt an der Seite Roms in den Krieg gegen Antiochos seine Dankesschuld ein für allemal beglichen habe. Deshalb habe Flamininus versucht, den Achaiischen Bund durch neue „Wohltaten", d.h. Unterstützung der achaiischen Politik auf der Peloponnes, weiterhin zu verpflichten, was Philopoimen zu verhindern gesucht habe. Allerdings fand der letzte römische Appell an die Dankbarkeit der Griechen für die von den Römern geschenkte Freiheit unmittelbar vor dem Ausbruch des Krieges gegen Antiochos statt.[119] Nach diesem Krieg und besonders im Vorfeld und während des Krieges gegen Perseus ist die römische Freiheitspropaganda in auffälliger Weise im Hintergrund geblieben[120], was zweifellos mit dem Abrücken des römischen Senats von der Politik des Flamininus nach 189 v.Chr. zusammenhängt. *Ferrary*[121] versucht diesen für seine These ungünstigen Befund soweit wie möglich abzuschwächen und aufgrund einiger verstreuter Belege die kontinuierliche Präsenz des Freiheitsbegriffs in der östlichen Politik nachzuweisen. Ἐλευθερία habe sich inhaltlich an δημοκρατία angenähert und eine antimonarchische, republikanische Färbung angenommen, die eine ideologische Gemeinsamkeit zwischen den griechischen Stadtstaaten und Rom gegenüber den hellenistischen Königreichen hergestellt habe. Diese inhaltliche Veränderung sei von den Griechen ausgegangen und von den Römern unmittelbar vor dem Dritten Makedonischen Krieg aufgenommen worden.[122]

Für *Werner Dahlheim*[123] war es nicht die Freiheit, sondern die *amicitia* zwischen Rom und den griechischen Städten, auf welche sich die Römer zur Rechtfertigung ihrer Suprematie beriefen. An sich habe die *amicitia* keine weiteren Verpflichtungen der „befreundeten" Staaten beinhaltet als gegenüber Rom wohlwollende Neutralität zu wahren, aber wegen des ungleichen Machtverhältnisses habe Rom die *amicitia* in der Praxis jederzeit als *amicitia et societas* auslegen können, wenn es dies wünschte.[124] Kurz vor Beginn des Dritten Makedonischen Krieges habe Rom die griechischen *amici* ganz selbstverständlich

---

[117] *Ferrary,* Philhellénisme, 121–124.
[118] *Errington,* Philopoemen, 222 f; vgl. ebd. 227.
[119] *Bernhardt,* Imperium, 50.
[120] Ebd. 76 f.; *Gruen,* The Hellenistic World, Vol. 1, 153 f.
[121] *Ferrary,* Philhellénisme, 158–186.
[122] Ablehnend *Derow,* Rez. zu Ferrary, Philhellénisme, 199.
[123] *Dahlheim,* Struktur, 260–274.
[124] *Dahlheim,* Gewalt und Herrschaft, 191; vgl. *Lintott, Imperium Romanum,* 7.

als *socii* angesehen und ihre Unterstützung nicht erbeten, sondern gefordert.[125]) Die Gleichsetzung von *amicus* mit *socius* habe bereits in der ersten Hälfte des 2. Jahrhunderts v. Chr. Eingang in das römische Vertragsrecht gefunden. Aus der so verstandenen *amicitia* sei auch die Schiedsrichterstellung Roms bei Konflikten zwischen griechischen Städten hervorgegangen.[126]) Diese Auffassung von der *amicitia* übernahm *Robert Werner*.[127]) Für ihn begann die hegemoniale Phase in der römischen Ostpolitik zwischen 191 und 188 v. Chr. und erreichte mit dem Dritten Makedonischen Krieg ihren Höhepunkt.

Auch für *John Rich*[128]) ist die *amicitia* ein wesentliches Element der römischen Suprematie, weil alle *amici* in die römische *fides* aufgenommen worden seien. Diese *fides* sei qualitativ nichts anderes gewesen als diejenige zwischen *patronus* und Klient. Deshalb sei *Badians* Auffassung von den griechischen Klientelstaaten, wenn auch mit einigen Änderungen und begrenzt auf den geographischen Raum östlich von Illyrien, prinzipiell richtig. Anders als *Badian* zählt *Rich* nicht nur die freien, sondern auch die föderierten Städte zu den Klientelstaaten, weil auch deren Bindungen an Rom weniger auf juristischer als auf moralischer Grundlage beruht hätten.

Dagegen bestreitet *Erich Gruen* vehement, daß die von den Römern den griechischen Städten verliehene Freiheit oder die *amicitia* irgendein Abhängigkeitsverhältnis der betroffenen Städte zu Rom begründet habe. Beide Begriffe seien relativ inhaltsleere Floskeln hellenistischer Diplomatie und Propaganda gewesen.[129]) Auch die häufige Schiedsrichterfunktion habe der römische Senat keineswegs angestrebt und als Herrschaftsmittel benutzt, sondern die Initiative sei von den Griechen ausgegangen. Rom habe sich eher desinteressiert gezeigt und nicht einmal für die Durchsetzung seiner Entscheidungen Sorge getragen.[130]) Daran habe – im Gegensatz zur Behauptung des Polybios – selbst die Aufforderung des Achaiers Kallikrates an den römischen Senat, in Griechenland die prorömischen Gruppierungen entschlossener zu unterstützen, nichts Wesentliches geändert.[131]) Nicht einmal kurz vor Beginn des Dritten Makedo-

---

[125]) *Dahlheim*, Struktur, 264; ähnlich *Giovannini*, Review Discussions, 35–39.
[126]) *Dahlheim*, Gewalt und Herrschaft, 202 f. Zu den Schiedssprüchen des Senats im Osten vgl. *Scuderi*, Decreti del senato, 390–409.
[127]) *Werner*, Problem des Imperialismus, 557–563.
[128]) *Rich*, Patronage, 117–135.
[129]) Wie S. 15, 20.
[130]) *Gruen*, The Hellenistic World, Vol. 1, 96–131, Vol. 2, 481–528. Auf die eigenständige und eigenwillige Politik der Städte Kretas angesichts diplomatischer Interventionen Roms bis ins frühe 1. Jahrhundert v. Chr. weist *Kreuter*, Die Beziehungen zwischen Rom und Kreta, 135–150 hin.
[131]) *Gruen*, The Hellenistic World, Vol. 2, 497–502; anders *Bastini*, Der achaiische Bund, 117–126, für den „der Verrat des Kallikrates von 180 v. Chr." eine Änderung der römischen Ostpolitik zu Lasten des politischen Spielraums des Achaiischen Bundes herbeiführt. Auch *Didu*, La fine, 9–33, glaubt, daß der politische Kurs des Kallikrates den römischen Einfluß im Achaiischen Bund vergrößert habe. Doch hätten die Römer nach wie vor nicht direkt in

nischen Krieges habe Rom von griechischen Städten im Namen der *amicitia* militärische Unterstützung verlangt.[132] In Kleinasien sei der Frieden von Apameia für Rom „her ticket for withdrawal"[133] gewesen und habe kein römisches Protektorat über Kleinasien geschaffen.[134] Auch *Adrian Sherwin-White*[135] betonte, daß sich die Römer während der zwanzig Jahre nach dem Frieden von Apameia nur dann mit den Verhältnissen in Kleinasien beschäftigt hätten, wenn sie von den dortigen Mächten zwecks Schlichtung von Konflikten dazu aufgefordert worden seien. *Gruen* zieht aus seiner kritischen Analyse den Schluß, daß es eine römische Suprematie über den Osten überhaupt nicht gegeben habe und eine solche von Rom auch nicht angestrebt worden sei. Rom habe sich nicht in die politischen Verhältnisse des Ostens eingemischt, sondern sei von den hellenistischen Staaten in die östliche Politk hineingezogen und für deren Zwecke benutzt worden. Dabei stellt sich für *Gruen* das Problem, daß er die Kriege, die Rom gegen Makedonien und das Seleukidenreich geführt hat, stets mit einer Mischung aus verletztem römischen Prestige, Mißverständnissen und Fehleinschätzungen des Gegners sowie politischem Druck befreundeter Mächte erklären, aber machtpolitische Motive der Römer leugnen muß. Die Position *Gruens* ist das extreme Gegenstück zu derjenigen von *William Harris*[136], der einem scharfen römischen „Imperialismus" das Wort redet und diesen aus den innenpolitischen und gesellschaftlichen Verhältnissen der römischen Republik sowie aus wirtschaftlichen Motiven herzuleiten versucht, ohne auf die Formen der politischen Beziehungen zwischen Rom und den Staaten der hellenistischen Welt näher einzugehen.[137]

Der Dritte Makedonische Krieg und die auf ihn folgende politische Neuordnung bewirkten auch eine Aktivierung der Beziehungen zwischen Rom und den griechischen Städten. Deshalb ist es nicht verwunderlich, daß *amicitia* und *libertas* wieder eine größere Rolle spielten als in den beiden Jahrzehnten zuvor. Städte, wie z.B. Lampsakos[138], die während des Krieges ihr Heil in einem rechtzeitigen Anschluß an Rom suchten, wurden bereitwillig in die römische *amicitia et societas* aufgenommen. Andere Städte folgten nach dem Krieg.[139]

Bei der Gestaltung der Nachkriegsordnung griff Rom wieder auf das Mittel der Freiheitserklärung zurück, benutzte es jedoch in völlig willkürlicher Weise,

---

die Angelegenheiten des Bundes eingegriffen. Von einem „Verrat" des Kallikrates könne keine Rede sein. Erst Polybios habe Kallikrates zum „Verräter" abgestempelt.
[132] *Gruen,* The Hellenistic World, Vol. 1, 92 f.
[133] Ebd. Vol. 2, 550.
[134] Ebd. Vol. 2, 642 f.
[135] *Sherwin-White,* Roman Foreign Policy, 29.
[136] *Harris,* War and Imperialism.
[137] Vgl. die ähnliche Einschätzung von *Harris,* War and Imperialism, durch *Giovannini,* Review Discussions, 34 f.
[138] Dazu *Bernhardt,* Imperium, 83 Anm. 182.
[139] Vgl. *Gruen,* The Hellenistic World, Vol. 1, 89 f.

um seine politischen Ziele durchzusetzen.[140]) Die krassesten Beispiele sind die Aufteilung des Königreichs Makedonien in vier und Illyriens in drei „freie", aber tributpflichtige Republiken, was sich zwar mit dem dehnbaren hellenistischen Freiheitsbegriff durchaus vertrug, aber nicht den Interessen der Betroffenen entsprach. Der Versuch *Gruens*[141]), diese Tributpflicht als zeitlich begrenzte Reparationsforderungen zu bagatellisieren, wie Rom sie Karthago, Philipp V. und Antiochos III. auferlegt hatte, dürfte kaum überzeugen. Ein reiner Willkürakt war die römische Unterstützung der separatistischen Kräfte im Herrschaftsbereich der Rhodier, in Karien, Lykien, Stratonikeia und Kaunos. Deren Freiheitserklärung durch Rom entbehrte jeder rechtlichen Grundlage[142]), auch wenn die ältere Forschung[143]) versucht hat, eine solche wenigstens partiell zu konstruieren. Wie *Malcolm Errington*[144]) wahrscheinlich gemacht hat, überließ der Senat die befreiten Gebiete keineswegs sich selbst, sondern nahm einen bestimmenden Einfluß auf die politische Ordnung in dieser Region. Immerhin gewährte Rom diesen Staaten die Freiheit im Sinne der Freiheitserklärung von 196 v. Chr., ebenso einigen nichtmakedonischen Völkerschaften aus der Konkursmasse des Reiches des Perseus. Mit der Freiheitserklärung für Ainos und Maroneia verhinderte der römische Senat die Ausdehnung des Reiches des in Ungnade gefallenen Königs von Pergamon. In diesen Fällen entsprach die römische Freiheitserklärung dem Willen der Betroffenen. Anders war es bei der Freilassung von Thisbe, Koroneia und Abdera, die mit starken Einschränkungen verbunden war: der Entfestigung der Städte und Garantien für die dominierende Stellung der lokalen prorömischen „Partei".[145])

Die Einschätzung der römischen Suprematie durch die Forschung ist auch in dieser Phase unterschiedlich. Gemäß einer Formulierung *Dahlheims*[146]) haben die Römer nach 168 der griechischen Freiheit ein Korsett angelegt, „das dem Gitterwerk eines Gefängnisses entschieden ähnlicher war als dem bisher schützenden Schild eines wohlmeinenden Hegemon". Für *Robert Kallet-Marx*[147]) markiert das Jahr 168 den Beginn des *imperium Romanum* im Osten, wobei er unter *imperium* nicht eine territoriale Herrschaft versteht, sondern lediglich die Möglichkeit, aufgrund der bestehenden Machtverhältnisse jederzeit den eige-

---

[140]) Übersicht bei *Ferrary*, Philhellénisme, 179–186; vgl. *Storm*, Freiheit als Geschenk?, 76–86.
[141]) *Gruen*, The Hellenistic World, Vol. 2, 428.
[142]) Dazu *Bernhardt*, Imperium, 79–83; vgl. *Dahlheim*, Gewalt und Herrschaft, 199 Anm. 67.
[143]) Z. B. *Schmitt*, Rom und Rhodos, 93–128. Nach Auffassung von *Bertrand* (Territoire donné, 150–158) war die Zuteilung von Lykien und Karien an Rhodos durch die Römer 188 v. Chr. lediglich eine „délégation de pouvoir" (S. 157) und damit widerruflich.
[144]) *Errington*, Θεὰ 'Ρώμη, 103, 113.
[145]) Dazu *Dahlheim*, Gewalt und Herrschaft, 205 f.; *Ferrary*, Rome, les Balkans, 757.
[146]) *Dahlheim*, Gewalt und Herrschaft, 119.
[147]) *Kallet-Marx*, Hegemony, 93, 337 f.; vgl. ebd. 25–29.

nen politischen Willen anderen Staaten zu oktroyieren. Dagegen verweist *Gruen*[148]) darauf, daß sich die Römer aus eigener Initiative auch nach 167 wenig um die griechischen Städte gekümmert haben. Auch *Andreas Bastini*[149]) vertritt die Ansicht, daß es in erster Linie die untereinander zerstrittenen griechischen Politiker gewesen seien, die römische Eingriffe herbeigeführt hätten.

Völlig kontrovers wird in der Forschung die Ursache des Achaiischen Krieges beurteilt, dessen Ausgang zur Errichtung der direkten römischen Herrschaft in Griechenland führte. Die barsche römische Forderung nach Verkleinerung des Achaiischen Bundes, die völlig im Gegensatz zu der oft laxen Haltung gegenüber griechischen Angelegenheiten steht, scheint einer besonderen Erklärung zu bedürfen. Haben die Römer den Konflikt mit dem Achaiischen Bund bewußt provoziert, um in Griechenland eine politische Neuordnung herbeiführen zu können, nachdem die Provinzialisierung Makedoniens als Reaktion auf den Andriskoskrieg beschlossen war?[150]) Oder haben sie lediglich, wie ca. 20 Jahre zuvor gegenüber Rhodos, durch Unterstützung separatistischer Kräfte auf eine Verkleinerung des Koinon hingearbeitet?[151]) War der Krieg wieder einmal eine unbeabsichtigte Folge von verletzter römischer *dignitas*, „error" und „miscalculation"?[152]) Oder ging es den Römern um die prinzipielle Durchsetzung ihres *imperiums*[153]), weil Diaios und seine Anhänger die Politik des Kallikrates – zu spät – rückgängig machen wollten[154]) und die achaiische Führungsschicht den angeblich rigorosen politischen Kurs[155]), den Rom nach 168 v. Chr. steuerte, nicht verstanden hatte[156])?

Diejenigen Gebiete Griechenlands, die vom Krieg nicht betroffen waren, behielten nach Kriegsende zunächst ihre Freiheit wie zuvor. Aber auch für die besiegten Staaten bezeugt eine Inschrift aus Dyme eine von den Römern gewährte κατὰ [κο]ινὸν τοῖς Ἕλλη[σιν ἐ]λευθερία.[157]) *Thomas Schwertfeger*[158]),

---

148) *Gruen*, The Hellenistic World, Vol. 2, 426, 517–523; vgl. *Ferrary*, Philhellénisme, 317f.
149) *Bastini*, Der achaiische Bund, 161–177.
150) So *Harris*, War and Imperialism, 240–244.
151) *Bernhardt*, Polis, 16–28; ablehnend *Ferrary*, Philhellénisme, 325 Anm. 196.
152) *Gruen*, The Hellenistic World, Vol. 2, 523.
153) *Kallet-Marx*, Hegemony, 93, 338.
154) *Bastini*, Der achaiische Bund, 219; *Didu*, La fine, 107–110, weist auf den „neolykortianischen" politischen Kurs des Achaiischen Bundes hin, der auch mit einer Distanzierung vom Andenken an Kallikrates verbunden war.
155) *Hackl*, Senat und Magistratur in Rom, 33–50.
156) *Nottmeyer*, Polybios, 121–160; für *Didu*, La fine, 114–117, hängt die rigorose römische Haltung gegenüber dem Achaiischen Bund mit dem Andriskoskrieg zusammen, der den römischen Senat zu einem scharfen Vorgehen gegen jede Art von Widerstand in Griechenland veranlaßt habe. Die römische Politik habe sich wieder mehr auf die Zusammenarbeit mit einzelnen Städten auf Kosten der Städtebünde verlegt. Zum Urteil des Polybios siehe *Ferrary*, Philhellénisme, 324–327.
157) Syll.³ 684; *Sherk*, Roman Documents, Nr. 43. Zur Datierung ins Jahr 144/43 v. Chr.

Werner Dahlheim[159]) und Erich Gruen[160]) wollten daraus einen Sonderstatus herleiten, der von dem einer Provinz prinzipiell verschieden gewesen sei. Dagegen hielten *Rainer Bernhardt*[161]), *Donald Baronowski*[162]) und *Jean-Louis Ferrary*[163]) die in der Inschrift erwähnte Freiheit für durchaus mit dem Provinzialstatus vereinbar. *Bernhardt* und *Baronowski* unterstützten die These *Silvio Accames*[164]), wonach der besiegte Teil Griechenlands zwar tributpflichtig, jedoch kein Teil der Provinz Macedonia geworden sei, sondern nur der lockeren Oberaufsicht des Statthalters von Macedonia unterstanden habe. *Ferrary* sprach sogar von einer eigenständigen *provincia* in Griechenland, die allerdings bis 46 v. Chr. stets mit der Provinz Macedonia in Personalunion verbunden gewesen sei. Anders *Robert Kallet-Marx* (s. unten S. 65), der die Tributpflicht und den Provinzialstatus bestreitet, wobei er sich jedoch nicht auf die ἐλευθερία in der Inschrift aus Dyme beruft.[165])

Unabhängig davon, wie man den juristischen Status von Griechenland nach 146 v. Chr. beurteilt, ist die Freiheit von *civitates stipendiariae* in römischen Provinzen bezeugt.[166]) Worin bestand sie? Gegen die Auffassung *Mommsens*, daß die Stellung dieser Städtekategorie von der Perpetuierung der Dedition bestimmt gewesen sei, jeglicher konstitutiven rechtlichen Grundlage entbehrt habe[167]) und ihre in der Praxis bestehende Selbstverwaltung nur eine „tolerierte Autonomie" gewesen sei, hat sich *Dietmar Kienast*[168]) gewandt. Ausgehend von der Beobachtung, daß die Römer ihre Untertanen in den Provinzen in der Regel *amici, socii* oder, vollständig, *amici et socii* zu nennen pflegten, definierte er den Status der *civitates stipendiariae* als den einer vertraglosen Bündnerschaft, gewissermaßen als *societas sine foedere*. Denn anders als das *foedus*, das zwischen Rom und dem jeweiligen Vertragspartner auf ewige Zeiten geschlossen und eidlich bekräftigt wurde, sei die sogenannte *societas sine foedere* durch einen einseitigen Rechtsakt des römischen Senats, nämlich einen Senatsbeschluß und die Eintragung in die *formula sociorum* zustande gekommen.

siehe *Ferrary*, Philhellénisme, 189 f.; *Kallet-Marx*, Quintus Fabius Maximus, 141–143; anders *Buraselis*, Rez. zu *Lintott*, *Imperium Romanum*, 253.
[158]) *Schwertfeger*, Der Achaiische Bund, 72.
[159]) *Dahlheim*, Gewalt und Herrschaft, 129–135.
[160]) *Gruen*, The Hellenistic World, Vol. 2, 523–527; vgl. ebd. 433–436.
[161]) *Bernhardt*, Der Status, 62–73.
[162]) *Baronowski*, The Provincial Status, 448–460; vgl. *Ferrary*, Philhellénisme, 189 Anm. 228. Das Bemühen *Baronowskis*, die umstrittene Pausanias-Stelle (7, 16, 9.10) bezüglich der politischen Ordnung in Griechenland nach 146 v. Chr. in fast allen Punkten als glaubwürdig hinzustellen, geht freilich zu weit.
[163]) *Ferrary*, Philhellénisme, 205 f.; vgl. ebd. 214 Anm. 14.
[164]) *Accame*, Il dominio romano.
[165]) *Kallet-Marx*, Hegemony, 48 Anm. 23; ebd. 50, 61.
[166]) Belege bei *Kienast*, Entstehung, 360 f., und *Bernhardt*, Der Status, 68 Anm. 39.
[167]) *Mommsen*, Römisches Staatsrecht, Bd. 3/1, 716–764: vgl. *Meyer*, Römischer Staat, 233–236; *Dahlheim*, Struktur, 70, 109; ders., Gewalt und Herrschaft, 70–73.
[168]) *Kienast*, Entstehung, 330–367.

Diese Form der Bündnerschaft hätten die Römer im Ersten Punischen Krieg auf Sizilien von den Griechen und Karthagern übernommen. Dabei sei die Untertänigkeit unter die römische Herrschaft nicht durch die Gewährung der *amicitia et societas* an sich begründet worden, sondern dadurch, daß der römische Senat den betroffenen Gemeinden die vertraglose Bündnerschaft nur unter bestimmten Bedingungen, wie z. B. der Steuerpflicht, gewährt habe, welche das Untertanenverhältnis festschrieben. Doch habe diese Art der Untertänigkeit den *civitates stipendiariae* ihre Eigenstaatlichkeit, den Besitz ihres Territoriums, ihre Gesetze, Staatsorgane und ihr Bürgerrecht belassen. Und eben darin habe ihre *libertas* bestanden. Anders urteilte *Werner Dahlheim*[169]), der diese *libertas* nur noch als städtische Selbstverwaltung verstanden wissen will. Bezüglich der Herkunft des auf den innenpolitischen Bereich eingeschränkten Freiheitsbegriffs äußerte *Rainer Bernhardt*[170]) die Vermutung, daß die Römer die enge Verbindung zwischen *libertas* und *leges*, die für ihre eigene republikanische Staatsordnung kennzeichnend war, auf die von ihnen abhängigen *socii* mit und ohne *foedus* transponiert haben könnten. Dagegen sprach *Jean-Louis Ferrary*[171]) der „Freiheit" der *civitates stipendiariae* die juristische Qualität ab. Ihr Ursprung sei nicht römisch, sondern es handele es sich um die oben (S. 24) erwähnte propagandistische Gleichsetzung von δημοκρατία mit ἐλευθερία, die die Römer von den Griechen übernommen hätten. Wenn jedoch die *amicitia et societas* der *civitates stipendiariae* kein bloßer Euphemismus war, sondern auf ein ursprüngliches Bündnis hindeutet, dann liegt es nahe, daß diese Städtekategorie nicht nur eine propagandistisch zu verstehende, sondern durchaus eine juristisch faßbare Freiheit hatte, weil jedes Bündnis eine wie immer geartete Freiheit auch des Juniorpartners impliziert.

Doch wurden bekanntlich nicht alle Städte in den Provinzen in den Status von *civitates stipendiariae* hinabgedrückt, sondern die Römer gewährten einigen von ihnen eine bessere Rechtsstellung. Sie bestand – allgemein ausgedrückt – darin, daß die betreffenden Städte von der Provinzialisierung ausgenommen wurden. Für solche Exklaven in den römischen Provinzen ist – sofern sie kein *foedus* hatten – seit dem ausgehenden 2. Jahrhundert v. Chr. die Bezeichnung *civitates liberae* bzw. *populi liberi* überliefert.[172]) Die Forschung hat sie lange Zeit gegenüber den *civitates foederatae* vernachlässigt, obwohl die Freistädte die föderierten zahlenmäßig weit übertrafen. Erst in den letzten rund zweieinhalb Jahrzehnten sind die *civitates liberae* in stärkerem Ausmaß Gegenstand der wissenschaftlichen Diskussion geworden.

Ursprung und Inhalt der *libertas* der Freistädte haben verschiedene Deutun-

---

[169]) *Dahlheim*, Gewalt und Herrschaft, 281.
[170]) *Bernhardt*, Imperium, 19–32.
[171]) *Ferrary*, Philhellénisme, 216.
[172]) *Bernhardt*, Die Entwicklung, 423.

gen erfahren. *Adrian Sherwin-White*[173]) sah den Anfang in der römischen Freiheitserklärung für Griechenland im Zweiten Makedonischen Krieg. Der den Freistädten zugrundeliegende Freiheitsbegriff stamme aus der griechischen Tradition, doch hätten die Römer ihn später für ihre politischen und administrativen Zwecke umgeformt. *Robert Sherk*[174]) wollte in der römischen Zusicherung von ἐλευθερία, αὐτονομία und ἀνεισφορία an Delphi 189 v. Chr. den frühesten Beleg für eine *civitas libera et immunis* im Osten erkennen. *Ernst Badian* (s. oben S. 15 f.) führte die *civitates liberae* auf rein römische Wurzeln zurück und prägte den Begriff des „Klientelstaates", den die Römer im Ersten Punischen Krieg auf Sizilien geschaffen hätten. *Dietmar Kienast*[175]) grenzte die *libertas* der Freistädte auf Besatzungsfreiheit von römischen Truppen ein und folglich meinte er *civitates liberae* überall dort ausmachen zu können, wo er glaubte, daß Rom auf der Basis der *amicitia et societas* einzelnen Städten die Besatzungsfreiheit garantiert habe, z. B. auf Sizilien im Ersten Punischen und in Illyrien nach dem Ersten Illyrischen Krieg. *Rainer Bernhardt*[176]) definierte die spezielle *libertas* der Freistädte als Nichtzugehörigkeit zu einer römischen Provinz, wobei er sich auf bis dahin von der Forschung nicht berücksichtigte literarische Quellenaussagen stützte.[177]) Diese Definition ist indessen von einem Inschriftenfund bestätigt worden.[178]) Doch seien die Freistädte nicht unmittelbar nach der Einrichtung der ersten römischen Provinzen entstanden, sondern in einem späteren Stadium. Vor allem am Beispiel Spaniens versuchte *Bernhardt* nachzuweisen, daß es in der frühen Phase der römischen Provinzialherrschaft weder *civitates liberae* noch *civitates stipendiariae* gegeben habe, sondern lediglich *amici et socii*, die aufgrund der ihnen belassenen *suae leges* alle prinzipiell gleichermaßen frei waren, auch wenn Rom ihnen individuell unterschiedliche Rechte gewährt bzw. Pflichten zudiktiert hatte. Erst nachdem der Senat für die „normalen" untertänigen Bündner, die späteren *civitates stipendiariae*, anstatt der früheren Einzelerlasse eine einheitliche Regelung geschaffen habe und die Provinzen sich somit als administrative Einheiten konsolidiert hätten, hätten sich die *civitates liberae* herausgebildet, weil sie von dieser Provinzialordnung nicht betroffen gewesen seien. Ihre Stellung habe weiterhin auf individuellen Senatsbeschlüssen beruht und sei von dieser Phase an im Gegensatz zur Provinzialordnung als (besondere) *libertas* gefaßt worden. Die Römer hätten also zwischen verschiedenen Kategorien freier Staaten unterschieden: unabhängigen Staaten, durch bloße *amicitia et societas* an Rom gebundenen Staaten, ehemaligen Vasallenkönigreichen, in denen die Monarchie erloschen

---

[173]) *Sherwin-White*, The Roman Citizenship, 175 f.
[174]) *Sherk*, Roman Documents, Nr. 1; dagegen *Bernhardt*, Der Status, 72.
[175]) *Kienast*, Entstehung, 361 f.; vgl. 355.
[176]) *Bernhardt*, Imperium, 19–32; *ders.*, Die Entwicklung, 411–424.
[177]) *Bernhardt*, Imperium, 100 Anm. 55; *ders.*, Der Status, 67 Anm. 34.
[178]) *Robert*, Claros I., 86 f.

war und die Rom als Republiken weiterbestehen ließ, *civitates foederatae*, *civitates liberae* und *civitates stipendiariae*.[179]) *Werner Dahlheim*[180]) konstruierte einen grundlegenden Unterschied zwischen den von Rom nach der Provinzialisierung freigelassenen und den altfreien Städten: Die *libertas* der ersten Kategorie habe lediglich in der Steuerfreiheit bestanden, und folglich seien diese Städte von vornherein nichts weiter als privilegierte Untertanen gewesen. Dagegen sei die Freiheit der altfreien Städte, die Rom bei der Einrichtung von Provinzen unangetastet ließ, als völkerrechtlicher Status anzusehen, der erst allmählich an die erste Kategorie angeglichen worden sei. *Jean-Louis Ferrary*[181]) stimmte *Rainer Bernhardt* darin zu, daß sämtliche Freistädte erst nach der Einrichtung römischer Provinzen entstanden und von der römischen Provinzialordnung prinzipiell nicht betroffen gewesen seien. Doch sei die Zweiteilung zwischen den zu einer Provinz gehörenden Völkerschaften und denen, die nicht dazugehörten, schon vor der Einrichtung von Provinzen vorgeprägt gewesen, indem die Römer bereits seit früher Zeit einen Unterschied zwischen *populi in potestate* (bzw. in *dicione, sub imperio*) *populi Romani* und *populi liberi* gemacht hätten. Letztere hätten ihre Politik nach eigenem Ermessen gestalten können, während die ersten – besonders in außenpolitischer Hinsicht – unter der Kontrolle Roms gestanden hätten. Im 3. und in der ersten Hälfte des 2. Jahrhunderts v. Chr. wären nach dieser Theorie nicht nur die Städte Siziliens in *dicione populi Romani* und somit unfrei gewesen, sondern auch die griechischen Städte Illyriens (s. oben S. 13f.) und die italischen *foederati*, während Griechenland formal frei gewesen sei. Um die Mitte des 2. Jahrhunderts v. Chr. seien die Römer zu der Auffassung gelangt, daß sich ihr *imperium* über die ganze Welt erstrecke und es deshalb außer dem römischen Volk keine wirklich freien Völker mehr geben könne. In dieser Zeit sei für diejenigen Städte und Stämme, die nicht zu einer Provinz gehörten, ein minderer Freiheitsbegriff aufgekommen und die Bezeichnung *civitates liberae* im technischen Sinn entstanden. Die seiner Theorie widersprechende Aussage des Proculus (Dig. 49, 15, 7 § 1), daß alle mit Rom durch ein *foedus* verbundenen Staaten als frei galten, will *Ferrary* als späte, kaiserzeitliche inhaltliche Anpassung der *civitates foederatae* an die *civitates liberae* erklären. Die unmittelbare Vorstufe auf dem Weg zur Herausbildung der *civitates liberae* seien die steuerpflichtigen „freien" vier Republiken Makedoniens 168 v. Chr. gewesen. Einfacher macht es sich *Andrew Lintott*[182]), der auf Sizilien schon im Ersten Punischen Krieg die Existenz von Freistädten annimmt und sie auf ähnlich privilegierte Stadtrechtsformen im griechischen und karthagischen Herrschaftsbereich in vorrömischer Zeit zurückführt, während die Freistädte in Griechenland und Kleinasien infolge der

---

[179]) *Bernhardt*, Der Status, 66–68.
[180]) *Dahlheim*, Gewalt und Herrschaft, 213–217.
[181]) *Ferrary*, Philhellénisme, 211–218.
[182]) *Lintott*, Imperium Romanum, 20, 36, 71.

Freiheitserklärung des Flamininus entstanden seien. Später hätten die Römer diese umfassende Freiheit entsprechend ihren Bedürfnissen relativiert. *Robert Kallet-Marx*[183]) definiert schon alle durch bloße *amicitia et societas* mit Rom verbundenen Städte als *civitates liberae* und hält die allmählich erfolgende juristische Fixierung ihrer Stellung im römischen Reich und somit auch die Definition ihrer *libertas* als Nichtzugehörigkeit zu einer Provinz für eine spätere Einengung.

Gegen die Auffassung *Mommsens*[184]), daß die *libertas* der Freistädte im juristischen Sinn prekär gewesen sei[185]), hat sich noch einmal in einer ausführlichen Erörterung *Werner Dahlheim*[186]) gewandt. Bezüglich des Inhalts der freistädtischen Privilegien kam er zu dem Schluß, daß – entgegen der Ansicht *Mommsens* und anderer – ein wesentlicher Bestandteil die Befreiung von direkten Steuern gewesen sei.[187]) Diesen Ansatz erweiterte *Rainer Bernhardt*[188]) auf die Kaiserzeit, wobei er sich vor allem auf den indessen von *Joyce Reynolds*[189]) publizierten inschriftlich erhaltenen Brief des Augustus an die Samier berufen konnte. Dagegen glaubte *Adrian Sherwin-White*[190]), daß seit der sullanischen Neuordnung Kleinasiens die meisten Freistädte tributpflichtig geworden seien. *Ernst Badian*[191]) und *Jean-Louis Ferrary*[192]) lehnten die These von der Steuerfreiheit der *civitates liberae* völlig ab. *Bernhardt* wies darauf hin, daß die Freistädte trotz der Steuerfreiheit schon in republikanischer Zeit zur Leistung regelmäßiger und gelegentlich auch außerordentlicher *munera* bzw. φιλικαὶ λειτουργίαι verpflichtet gewesen seien. Nur eine kleine Sondergruppe unter den privilegierten Städten, welchen die Römer die *plenissima immunitas* zugestanden hätten, sei von diesen außersteuerlichen Leistungen befreit gewesen. Die Bedeutung der *munera* der Freistädte, besonders im militärischen Bereich, betonte auch *Andrew Lintott*.[193]) Gerade auf diesem Sektor waren diese Städte der Willkür desjenigen Statthalters, dessen militärischem Oberbefehl sie unterstanden, in erheblichem Maße ausgeliefert, auch wenn sie nicht zu seiner Provinz gehörten. Das gleiche galt für Eingriffe von Statthaltern in die städtische Jurisdiktion (s. unten S. 66f.). Andererseits hatten die Beschwerden der

---

[183]) *Kallet-Marx,* Hegemony, 48f., 60f., 128–130, 326.
[184]) *Mommsen,* Römisches Staatsreccht, Bd. 3/1, 655–660.
[185]) Für die Kaiserzeit *Nörr,* Imperium und Polis, 63.
[186]) *Dahlheim,* Gewalt und Herrschaft, 247–254.
[187]) Ebd. 187–190, 213f., 225, 234f., 242f., 255f., 261–277; ebenso *Bleicken,* Die Verfassung, 212; *Kallet-Marx,* Hegemony, 60 Anm. 13.
[188]) *Bernhardt,* Die *Immunitas,* 190–207.
[189]) *Reynolds,* Aphrodisias and Rome, Nr. 13. Die Inschriftensammlung enthält noch weitere aufschlußreiche Dokumente zur römischen Freistadtpolitik, vor allem in der Kaiserzeit.
[190]) *Sherwin-White,* Roman Foreign Policy, 245.
[191]) *Badian,* Notes on Some Documents, 169f.
[192]) *Ferrary,* Philhellénisme, 213.
[193]) *Lintott,* Imperium Romanum, 38; vgl. 94.

Freistädte beim Senat in Rom über die Verletzung ihrer Rechte durch Statthalter und *publicani* eine immer detailliertere schriftliche Fixierung ihrer Privilegien zur Folge.[194]) Höhepunkt dieser Entwicklung scheint die *lex Iulia de repetundis* gewesen zu sein, die Caesar während seines ersten Konsulats 59 v. Chr. einbrachte. *Leo Peppe*[195]) will ihr sogar die erste umfassende Festlegung der Stellung der *civitates liberae* zuschreiben. U. a. bestätigte sie einen Senatsbeschluß vom Jahre 60, der den Statthaltern wahrscheinlich verboten hatte, Gerichtsverfahren gegen Freistädte an sich zu ziehen, die bei römischen Privatleuten verschuldet waren. Daß der Status der von den römischen Neuregelungen zunächst nicht betroffenen unabhängigen Städte im Umkreis der Provinzen mit der Zeit der begrenzten Freiheit der *civitates liberae* angeglichen wurde, kann nicht zweifelhaft sein, wenn wir auch nicht wissen, wie das im einzelnen geschah.[196]) Die Bezeichnung φιλικαὶ λειτουργίαι deutet darauf hin, daß als Rechtfertigung für die Forderung von *munera* die *amicitia et societas* diente.

Das Motiv für die Verleihung der *libertas* im technischen Sinn war im allgemeinen die Belohnung für besondere militärische Verdienste um Rom; doch wurde etlichen berühmten Städten und Heiligtümern diese privilegierte Stellung auch ohne solche Verdienste konzediert.[197]) Ein weiterer Sonderfall waren einige Städte in der Provinz Asia, die ihre *libertas* dem Testament des ehemaligen pergamenischen Königs Attalos III. verdankten.[198]) Trotz ihrer Auswahl

---

[194]) *Bernhardt*, Polis, 194–196.
[195]) *Peppe*, Sulla giurisdizione; dazu *Ferrary*, Le statut des cités libres, 574–577.
[196]) Dazu *Dahlheim*, Gewalt und Herrschaft, 217–225.
[197]) *Bernhardt*, Imperium, 88–228.
[198]) *Bernhardt*, Polis, 285–294, vermutete, daß der König nicht nur die Hauptstadt Pergamon, sondern auch einige andere, jedoch keineswegs alle Städte seines Reiches freigelassen habe. Anders *Engelmann/Knibbe*, Zollgesetz, 73. Sie glauben, daß die im Zollgesetz der Provinz Asia (s. unten S. 68) aus dem Jahre 75 v. Chr. enthaltene Einteilung in „ehemaliges Königsland", ἐλεύθεραι πόλεις, ἔθνη und δῆμοι auf frühere römische Zollbestimmungen basiere, die unmittelbar nach der Einrichtung der Provinz erlassen worden seien. Indem sie die ἐλεύθεραι πόλεις als *civitates liberae* im technischen Sinn verstehen, kommen sie zu dem Schluß, daß es im frühen Stadium der Provinz keine *civitates stipendiariae*, sondern neben dem ehemaligen Königsland nur Freistädte, Stämme und ländliche Gemeinden gegeben habe (zur unterschiedlichen Bedeutung von δῆμοι vergleiche jedoch *Bernhardt*, Polis, 110). Deshalb müsse Attalos III. in seinem Testament allen Städten seines Reiches die Freiheit (von königlicher und römischer Herrschaft) verliehen haben (ähnlich *Kallet-Marx*, Hegemony, 101). Diese Interpretation ist meines Erachtens nicht gerechtfertigt. Denn schon zu Beginn der Provinz Asia ist mit der Existenz von *civitates stipendiariae* zu rechnen, z. B. solchen Städten, die mit Aristonikos paktiert und somit nach römischen Maßstäben ihre Freiheit verwirkt hatten. Das gilt erst recht für die nachsullanische Zeit, als zahlreiche *civitates liberae* wegen ihrer antirömischen Haltung im Ersten Mithridatischen Krieg ihre Freiheit verloren hatten. Trotzdem hat man die obige Fassung ins Zollgesetz von 75 v. Chr. übernommen und auch anläßlich späterer Zusätze nicht geändert. Im Zusatz von 17 v. Chr. (§ 39) ist von πολιτεῖαι bzw. πόλεις, ἔθνη und δῆμοι die Rede, die die römische Regierung von der Zollpflicht entbunden hat. Dabei muß es sich nicht ausschließlich um *civitates liberae* handeln, denn die Befreiung von Zöllen war kein integrierter Bestandteil von deren *libertas* (anders *Lintott*, Imperium Romanum, 84 f.). Vielmehr wird offensichtlich

nach Verdiensten um Rom haben sich die Freistädte später gegenüber Rom nicht loyaler verhalten als *civitates stipendiariae*, wie *Rainer Bernhardt*[199]) vor allem am Beispiel des Ersten Mithridatischen Krieges nachwies. Da die Römer solchen Freistädten, die auf die Seite ihrer Feinde übergegangen waren, die *libertas* entzogen und sie zu *civitates stipendiariae* degradierten, verringerte sich deren Zahl nach dem Ersten Mithridatischen Krieg erheblich, obwohl es einigen Städten gelang, sich bei Sulla die *libertas* für Geld zu erkaufen[200]), und andere mit beharrlichen diplomatischen Bemühungen später die Wiederherstellung ihrer einstigen Privilegien erreichten[201]). In der ausgehenden Republik haben Lukull, Pompeius und Caesar die *libertas* relativ großzügig verliehen, um ihre persönliche Klientel im Osten zu vergrößern, wobei ihre griechischen Günstlinge oft als Mittelsmänner fungierten.[202]) Wenigstens Lukull und Pompeius knüpften dabei an die Legende von Alexander d. Gr. als Städtebefreier und Städtegründer an.[203]) Noch deutlicher zeigte die bewußte Nachahmung der Freiheitserklärung von 196 v. Chr., die Nero in Griechenland vornahm[204]), daß im Osten zwischen der Freiheit der Griechen in vorrömischer Zeit und den *civitates liberae* im römischen Reich zumindest in propagandistischer Hinsicht eine Kontinuität bestand, die bis zum Beginn der Spätantike reichen sollte.

zwischen *civitates liberae* und *civitates stipendiariae* kein Unterschied gemacht, weil er in zolltechnischer Hinsicht irrelevant war. Folglich ist anzunehmen, daß die ἐλεύθεραι πόλεις im ersten römischen Zollgesetz keine Freistädte im technischen Sinn waren, sondern ein Sammelbegriff für alle Städte. Der Begriff ἐλεύθεραι πόλεις ist dann zu verstehen als „die Städte (der Provinz Asia), die Attalos III. in seinem Testament aus der königlichen Herrschaft entlassen und mit der vollen Selbstverwaltung ausgestattet, aber dem römischen Volk vermacht hat". Es handelte sich also lediglich um die Befreiung von königlicher Herrschaft, die jedoch mit der römischen Herrschaft durchaus vereinbar war. Nur so ist die Beibehaltung dieses Begriffs in den späteren Fassungen des Zollgesetzes zu verstehen.
[199]) *Bernhardt,* Polis, 33–64; vgl. 136.
[200]) *Bernhardt,* Imperium, 114–133; ders., Polis, 162; vgl. *Keaveney,* Sulla, 230–233. Zwei neue Ergebnisse: *Ferrary,* La *Lex Antonia,* 419–457, vertritt die These, daß Termessos nach dem Ersten Mithridatischen Krieg die Freiheit verloren habe, aber 72 v. Chr. wieder zur *civitas libera* aufgestiegen sei, nachdem sich die Stadt im Dritten Mithridatischen Krieg bewährt habe; *Lewis,* Sulla and Smyrna, 126–129, glaubt, Sulla habe die *libertas* von Smyrna nicht entzogen.
[201]) *Bernhardt,* Polis, 200–202; eine etwas andere Interpretation der Ehreninschrift für Murena in Kaunos bietet *Marek,* Karien, 304–307.
[202]) Zu Caesar vgl. *Freber,* Der hellenistische Osten, 19–26, 100, 108f., 115f. Die Rückgabe der Freiheit an Ephesos wird von *Guerber,* Cité libre, 388–409, in Frage gestellt.
[203]) *Bernhardt,* Imperium, 134–152; vgl. 251–253; *Dahlheim,* Gewalt und Herrschaft, 243f.
[204]) *Bernhardt,* Imperium, 211–213; *Gallivan,* Nero's Liberation, 230–234; *Bradley,* The Chronology, 61–72; *Pavan,* Nerone, 342–361; *Campanile,* L'iscrizione, 191–224; *Lévy,* When Did Nero Liberate Greece?, 189–194.

2. Foedera

Die genuin römische Bündnisform des *foedus*, das konstitutive Element des sogenannten Italischen Bundes, wurde von den Römern außerhalb Italiens nur in Einzelfällen angewendet und hatte dort eine andere Funktion. Während die ältere, juristisch orientierte Forschung relativ häufig Indizien für *foedera* außerhalb Italiens zu erkennen glaubte und daraus regelmäßig den Schluß auf ein starkes politisches Engagement der Römer in der betreffenden Region zog, bildete sich später in zunehmendem Maße die Überzeugung heraus, daß es sich bei etlichen dieser *foedera* lediglich um *amicitia et societas* handelte.[205] Und selbst bei den echten *foedera* stellten sich Zweifel ein, wie weit sie als ein Hinweis auf feste politische und militärische Bindungen verstanden werden dürfen. Andererseits ist seit den achtziger Jahren, nicht zuletzt unter dem Eindruck des Inschriftenfundes mit dem *foedus* von Maroneia (s. unten S. 39), bei einem Teil der Forschung eine rückläufige Tendenz zu beobachten, die wieder den Abschluß relativ vieler *foedera* annimmt und ihnen eine größere politische Bedeutung zumißt.

Neben der grundsätzlichen Frage, ob ein *foedus* vorliegt oder nicht, gibt es bei nicht wenigen *foedera* Datierungsprobleme, so daß nicht sicher ist, welcher Phase der römischen Ostpolitik sie zuzuordnen sind. Von einem einheitlichen Urteil ist die Forschung noch immer weit entfernt. Das zeigt sich besonders an den gegensätzlichen Positionen von *Erich Gruen* und *Adrian Sherwin-White*: War *Gruen* bestrebt, im Rahmen seiner These vom römischen Desengagement im östlichen Mittelmeer die einzelnen *foedera* möglichst spät anzusetzen und ihre Bedeutung gering zu veranschlagen, so wollte *Sherwin-White* schon seit Beginn des römischen Auftretens im Osten eine möglichst große Zahl von föderierten Staaten ausmachen, die erst in der ausgehenden Republik zugunsten der Freistädte reduziert worden sei. Auch *Nicholas Hammond*[206] plädiert für zahlreiche *foedera* zwischen Rom und östlichen Staaten im 3. und frühen 2. Jahrhundert v. Chr.

Die hier gegebene Übersicht richtet sich so weit wie möglich nach der chronologischen Reihenfolge: *Peter Derow*[207] deutet die inschriftlich überlieferte συμμαχία von Pharos mit Rom als *foedus*, das bereits nach dem Ersten Illyrischen Krieg geschlossen worden sei. Er vermutet, daß damals auch mit Apollonia, Kerkyra, Epidamnos und Issa *foedera* geschlossen wurden.

Ein *foedus* zwischen Rom und den Epiroten nehmen *Nicholas Hammond*[208]

---

[205] *Dahlheim*, Struktur, 156 Anm. 87; *Kienast*, Entstehung, 339, 345 Anm. 49, 352, 355–360; *Bernhardt*, Die Entwicklung, 414.
[206] In: *Hammond/Walbank*, A History of Macedonia, Vol. 3, 601–610.
[207] *Derow*, Pharos and Rome, 261–270; vorsichtiger *Hammond/Walbank*, A History of Macedonia, Vol. 3, 607 f.: vor 168 v. Chr.; zu Issa: S. 608 f.
[208] In: *Hammond/Walbank*, A History of Macedonia, Vol. 3, 604.

(ca. 196 v. Chr.) und *Jean-Louis Ferrary*[209]) (191/90 v. Chr.) an. *Hammond* vermutet darüber hinaus *foedera* zwischen Rom und den Akarnanen, Magnesia am Mäander, Priene und Chalkis.[210])

Adrian Sherwin-White[211]) will Sparta und Messene *foedera* zuschreiben, die um die Mitte der 190er Jahre geschlossen worden seien.[212])

Umstritten ist die Historizität des *foedus* mit Byzanz.[213]) Drei Möglichkeiten kommen in Betracht: Entweder wurde es schon im Zweiten Makedonischen Krieg geschlossen[214]) oder in den 140er Jahren[215]), oder es ist unhistorisch[216]).

Noch zweifelhafter ist das von Memnon überlieferte *foedus* von Heraclea Pontica, wie *Harald Mattingly*[217]) gezeigt hat.

Nicht zu bestreiten ist die frühe Existenz des *foedus* mit dem Achaiischen Bund, dessen Datierung jedoch nach wie vor nicht genau feststeht. Die Spannweite reicht jetzt von 198/97 bis 187/86 als *terminus ante quem*.[218]) Das *foedus* kam zweifellos nicht auf römische Initiative, sondern auf Wunsch des Achaiischen Bundes zustande, der damit seine politische Stellung in Griechenland festigen wollte. Welche Verpflichtungen es den beiden Vertragspartnern auferlegte, ist nicht klar zu erkennen, zumal sich ihre politischen Beziehungen später erheblich abkühlten. *Erich Gruen*[219]) schätzt unter Hinweis auf eine salvatorische Klausel, die offensichtlich zum Vertragstext gehört hat, den praktischen Wert gering ein. Demnach hätte das *foedus* für den Achaiischen Bund eher eine politische als eine militärische Bedeutung gehabt und gleichzeitig der römischen Regierung im konkreten Einzelfall ein großes Maß an Entscheidungsfreiheit belassen.

Dagegen wurde das *foedus* mit den Aitolern 189 v. Chr. auf römische Veranlassung hin geschlossen mit dem Ziel, den abtrünnigen Bund ein für alle Male auf eine prorömische Ausrichtung seiner Politik festzulegen, ohne daß Rom

---

[209]) *Ferrary,* Traité et domination romaine, 228.
[210]) *Hammond/Walbank,* A History of Macedonia, Vol. 3, 604–608.
[211]) *Sherwin-White,* Roman Foreign Policy, 63.
[212]) Dagegen *Gruen,* The Hellenistic World, Vol. 1, 20, 24.
[213]) Übersicht über die Forschung bei *Bernhardt,* Imperium, 72 Anm. 147.
[214]) So *Bernhardt,* Imperium, 72 Anm. 147; *Grzybek,* Roms Bündnis, 50–59; *Hammond/ Walbank,* A History of Macedonia, Vol. 3, 603.
[215]) *Kallet-Marx,* Hegemony, 15, 189.
[216]) So *Mattingly,* Rome's Earliest Relations, 239–241; vgl. *Gruen,* The Hellenistic World, Vol. 1, 22 Anm. 50.
[217]) *Mattingly,* Rome's Earliest Relations, 241–243; vgl. *Gruen,* The Hellenistic World, Vol. 1, 48; *Kallet-Marx,* Hegemony, 186f.; *Hammond/Walbank,* A History of Macedonia, Vol. 3, 605, akzeptieren das *foedus*.
[218]) *Sherwin-White,* Roman Foreign Policy, 61 f.: 198/97 oder 196; *Bastini,* Der achaiische Bund, 64: 194/93; *Dahlheim,* Struktur, 261 Anm. 8 (mit Forschungsübersicht) und *Ferrary,* Philhellénisme, 95 Anm. 164, und *ders.,* Traité, 222, mit Berufung auf *Badian,* Treaty, 76–80: zwischen November 192 und Frühjahr 191; *Gruen,* The Hellenistic World, Vol. 1, 33–38: zwischen 191 und vor 187/86 (Forschungsübersicht 34 Anm. 108).
[219]) *Gruen,* The Hellenistic World, Vol. 1, 34–38.

seinerseits bindende Verpflichtungen einging.²²⁰) Anders als die bisherige Forschung deutet *Erich Gruen*²²¹) dieses *foedus* nicht als römischen Klientelvertrag, sondern führt ihn auf hellenistische Vorbilder zurück. Auch die römische *maiestas*-Klausel sei im Osten eine Ausnahme gewesen und habe den politischen Spielraum des Aitolischen Bundes nicht übermäßig eingeschränkt. Rom habe sich weder der Streitkräfte des Bundes bedienen noch dessen Politik im einzelnen diktieren, sondern die Aitoler nur demütigen und ein grundsätzliches Signal setzen wollen.

Das erst zum Jahre 18 n. Chr. überlieferte *foedus* zwischen Rom und Athen, dessen Datierung in der Forschung zwischen 200 und nach 146 v. Chr. schwankt, wird neuerdings von *Christian Habicht*²²²) zwischen 191 und 188 v. Chr. angesetzt und würde somit in die Zeit gehören, in der sich in Athen nach einer heftigen innenpolitischen Kontroverse zwischen der proseleukidischen und prorömischen Gruppe die letztere durchgesetzt hatte. Auf römischer Seite wäre der Abschluß des Bündnisses dann als ein Mittel anzusehen, den Sieg der prorömischen Gruppe in der Stadt festzuschreiben.

Das *foedus* mit Rhodos 164 v. Chr. ist bekanntlich auf intensive rhodische Bemühungen zurückzuführen und hatte keinen anderen Zweck als einen offiziellen Schlußpunkt unter das Zerwürfnis zwischen Rom und dem Inselstaat²²³) nach dem Ende des Dritten Makedonischen Krieges zu setzen. *Erich Gruen*²²⁴) hält die in der Forschung lange geführte legalistische Diskussion, ob es sich um ein *foedus aequum* oder *iniquum* gehandelt habe, für politisch belanglos, während *Nicholas Hammond*²²⁵) und *Jean-Louis Ferrary*²²⁶) ihr durchaus Bedeutung beimessen.

Über den Zeitpunkt des inschriftlich erhaltenen *foedus* mit Kibyra wissen wir kaum mehr als daß es aufgrund epigraphischer Kriterien in die erste Hälfte des 2. Jahrhunderts v. Chr. zu datieren ist. Entgegen dem üblichen Ansatz in die Zeit kurz nach 188²²⁷), d.h. nach dem Frieden von Apameia, will es *Malcolm Errington*²²⁸) kurz nach 167, *Erich Gruen*²²⁹) irgendwann nach 167 datieren und *Adrian Sherwin-White*²³⁰) sogar der Mitte der 150er Jahre zuordnen. *Christian*

---

²²⁰) Vgl. *Ferrary*, Traité, 226–228; *Hammond/Walbank*, A History of Macedonia, Vol. 3, 604 f.
²²¹) *Gruen*, The Hellenistic World, Vol. 1, 26–33.
²²²) *Habicht*, Athen, 214 f; vgl. 216, 363.
²²³) Vgl. *Ager*, Rhodes, 10–41
²²⁴) *Gruen*, The Hellenistic World, Vol. 1, 39–42; ähnlich *Baronowski*, Sub umbra foederis aequi, 345–369.
²²⁵) *Hammond/Walbank*, A History of Macedonia, Vol. 3, 608 f.
²²⁶) *Ferrary*, Traité, 229.
²²⁷) Dahlheim, Struktur, 99 Anm. 62; *Hammond/Walbank*, A History of Macedonia, Vol. 3, 605 f.; vgl. auch 605 Anm. 4: Alabanda.
²²⁸) *Errington*, Θεὰ 'Ρώμη, 108–112.
²²⁹) *Gruen*, The Hellenistic World, Vol. 2, 731–733.
²³⁰) *Sherwin-White*, Roman Foreign Policy, 51.

Marek[231]) nimmt für die Zeit nach 167 auch *foedera* zwischen Rom und Stratonikeia, Plarasa/Aphrodisias und Tabai an.

Eine neue Diskussion hat die 1972 gefundene Inschrift mit dem Text des *foedus* zwischen Rom und Maroneia[232]) entfacht. Die Datierungen schwanken zwischen 167 und nach 149 v. Chr.[233]) *Jacob Stern*[234]) bevorzugt 167 v. Chr.[235]) Das *foedus* wäre dann eine Bekräftigung der vorausgegangenen Freiheitserklärung gewesen, um die Stadt vor den Ansprüchen des pergamenischen Reiches und dem Zugriff thrakischer Dynasten zu schützen. Die Bedeutung des *foedus* lag also auch hier anscheinend nicht im militärischen, sondern im politischen Bereich.

Nach der Errichtung der direkten römischen Herrschaft wurden *foedera* im allgemeinen für militärische Verdienste um Rom verliehen, wie wahrscheinlich an Elaia[236]) und Methymna für Meriten im Aristonikoskrieg[237]), vielleicht an Kyzikos, das sich im Dritten Mithridatischen Krieg bewährt hatte[238]), und an Aphrodisias für seinen Widerstand gegen die Parther.[239])

Einen besonderen strategischen Wert könnte das *foedus* mit Kallatis und vielleicht anderen Städten an der thrakischen Schwarzmeerküste für die Römer gehabt haben, das herkömmlicherweise zwischen den 140er Jahren und 72/71 v. Chr. angesetzt wird.[240]) Indessen haben sich *Harald Mattingly*[241]) und *Erich Gruen*[242]) für eine Datierung zwischen 114 und 107 v. Chr. ausgesprochen.

Bei Astypalaia (Erneuerung des *foedus* 105 v. Chr.)[243]) und Thyrreion (94

---

[231]) *Marek*, Karien, 303.
[232]) SEG 35, 1985, Nr. 823.
[233]) *Stern*, Le traité d'alliance, 506 Anm. 27; vgl. *Hammond/Walbank*, A History of Macedonia, Vol. 3, 606 f.; *Kallet-Marx*, Hegemony, 187 f.
[234]) *Stern*, Le traité d'alliance, 501–509.
[235]) Vgl. *Errington*, Θεὰ 'Ρώμη, 109 Anm. 55: „... eindeutig in die Jahre unmittelbar nach Pydna"; *Ferrary*, Traité, 224.
[236]) Das *foedus* bezieht sich nicht auf Pergamon, sondern auf Elaia (*Robert*, Documents d'Asie, 489–496; *Rigsby, Provincia Asia*, 127 f.; *Kallet-Marx*, Hegemony, 186).
[237]) *Bernhardt*, Imperium, 109; *Gruen*, The Hellenistic World, Vol. 2, 741 f.; *Kallet-Marx*, Hegemony, 187: zwischen 167 und 129 v. Chr.; *Mattingly*, Rome's Earliest Relations, 244, hielt allerdings auch eine Datierung in die neunziger Jahre des 1. Jahrhunderts v. Chr. für möglich.
[238]) *Bernhardt*, Imperium, 134.
[239]) *Reynolds*, Aphrodisias and Rome, Nr. 6.
[240]) *Mattingly*, Rome's Earliest Relations, 243; *Bernhardt*, Polis, 75.
[241]) *Mattingly*, Rome's Earliest Relations, 243–246.
[242]) *Gruen*, The Hellenistic World, Vol. 2, 740 f.; vgl. *Ferrary*, Traité, 225; *Kallet-Marx*, Hegemony, 188 f.
[243]) *Bernhardt*, Imperium, 110; *Gruen*, The Hellenistic World, Vol. 2, 742 f.; *Sherwin-White*, Roman Foreign Policy, 67; *Kallet-Marx*, Hegemony, 186.

v. Chr.)²⁴⁴) ist der Anlaß für das *foedus* unbekannt, bei Epidauros²⁴⁵) und Troizen²⁴⁶) nicht einmal sicher, ob sie föderiert waren.

In der ausgehenden Republik könnten einige Städte ihr *foedus* möglicherweise sogar durch Bestechung eines der mächtigen Imperatoren erlangt haben, wie vielleicht Tyros und Sidon²⁴⁷) von Pompeius. Andere Imperatoren versuchten mit der Gewährung eines *foedus* ihre Klientel zu erweitern, wie Caesar 45 v. Chr. im Fall von Knidos²⁴⁸) und Augustus 25 v. Chr. in Mytilene.²⁴⁹)

Ein nicht unwichtiger Aspekt ist die gelegentliche „Erneuerung" der *foedera* ohne zwingenden Grund. Während die ältere Forschung sie entweder als unhistorisch abgelehnt hat²⁵⁰) oder – umgekehrt – als inhaltliche Veränderung des jeweiligen *foedus* interpretierte²⁵¹), wertete *Erich Gruen*²⁵²) sie lediglich als Bestätigung des alten Status, ähnlich wie Freistädte sich bisweilen veranlaßt sahen, anläßlich von Übergriffen römischer Statthalter und *publicani* oder einer Veränderung der politischen Lage in Rom sich ihrer Privilegien erneut zu versichern.²⁵³)

Die Beobachtung, daß – im Gegensatz zu den *foedera* – alle inschriftlich erhaltenen Freiheitsverleihungen oder -bestätigungen aus der Zeit nach dem Ersten Mithridatischen Krieg stammen, führte *Adrian Sherwin-White*²⁵⁴) zu der Auffassung, daß die Römer derartige Privilegien an Städte bis zu diesem Zeitpunkt fast ausschließlich in der Form eines *foedus* verliehen hätten (s. oben S. 14). Erst seit der sullanischen Neuordnung im Osten sei die *civitas libera* entstanden und habe die *civitas foederata* abgelöst. Diese Umwandlung habe eine Integration der privilegierten Städte in die römische Provinzialverwaltung bedeutet, da die Freistädte – anders als die *civitates foederatae* – juristisch ein Bestandteil der jeweiligen Provinz gewesen seien. Die These von der Umwandlung der *civitates foederatae* in *civitates liberae* nach dem Ersten Mithridatischen Krieg dürfte kaum haltbar sein. Denn sie setzt voraus, daß die Römer diejenigen privilegierten, d.h. nach *Sherwin-White*: föderierten Städte, die im Krieg loyal geblieben waren und sich gegen Mithridates zur Wehr gesetzt

---

²⁴⁴) Wie Anm. 243.
²⁴⁵) *Bernhardt*, Imperium, 109 Anm. 110; *Gruen*, The Hellenistic World, Vol. 2, 742 f.; *Sherwin-White*, Roman Foreign Policy, 67; *Kallet-Marx*, Hegemony, 186.
²⁴⁶) *Gruen*, The Hellenistic World, Vol. 2, 738.
²⁴⁷) *Bernhardt*, Imperium, 147; zur üblichen Praxis des Pompeius siehe *Dahlheim*, Gewalt und Herrschaft, 267–271.
²⁴⁸) *Bernhardt*, Imperium, 160; *Gruen*, The Hellenistic World, Vol. 2, 743.
²⁴⁹) *Bernhardt*, Imperium, 187; *Gruen*, The Hellenistic World, Vol. 2, 743 f.; *Ferrary*, Traité, 231–234, glaubt, daß dieser Vertrag eine *maiestas*-Klausel enthalten habe.
²⁵⁰) *Horn*, Foederati, 64.
²⁵¹) *Schmitt*, Rom und Rhodos, 184 f.
²⁵²) *Gruen*, The Hellenistic World, Vol. 1, 40 f.
²⁵³) Dazu *Dahlheim*, Gewalt und Herrschaft, 236 f.
²⁵⁴) *Sherwin-White*, Roman Foreign Policy, 69 f.

hatten[255]), nach dem Krieg gleichsam als Belohnung rechtlich herabgestuft hätten.

Daß sich in der Praxis die *civitates foederatae* von den *civitates liberae* lediglich durch ein höheres Prestige unterschieden und der Wortlaut der Bündnisverträge nur noch eine anachronistische Formalie war, hat *Werner Dahlheim*[256]) zu Recht hervorgehoben. Doch bleibt fraglich, ob die Angleichung soweit ging, daß auch die meisten *foedera* nicht mehr beschworen, sondern nur noch durch ein *senatus consultum* erlassen wurden, wie *Silvio Accame*[257]), *Adrian Sherwin-White*[258]) und *Andrew Lintott*[259]) aufgrund des fehlenden Hinweises auf eine Bestätigung durch das römische Volk oder einen Eid in einigen Vertragstexten vermuteten. *Sherwin-White* wollte darin den sich anbahnenden Übergang von der *civitas foederata* zur *civitas libera* erkennen. Aber in diesem Punkt haben die Einwände, die *Frank Walbank*[260]) schon gegen *Accame* vorbrachte, weiterhin uneingeschränkte Gültigkeit. Man wird also eher annehmen, daß die *civitas foederata* sich in formaler Hinsicht weiterhin von der *civitas libera* erheblich unterschied, jedoch inhaltlich ihr gleichgestellt war.

3. Kultische Beziehungen

Die kultische Komponente der Beziehungen zwischen den griechischen Städten und Rom wurde vor allem von *Ronald Mellor*[261]), *Carla Fayer*[262]) und *Rufus Fears*[263]) untersucht. *Mellor* und *Fayer* beschäftigten sich mit dem Kult der Θεὰ ʽΡώμη bzw. *Dea Roma*. In der grundsätzlichen Einschätzung vertraten sie unterschiedliche Auffassungen: Der erste interpretierte den Kult als ein rein politisches Phänomen ohne jede religiöse Dimension[264]), die letztere erklärte ihn eher aus dem Bestreben der Griechen, „di fare di ogni ipostasi del potere un oggetto di culto", auch wenn der Kult mehr politischen als religiösen Charakter getragen habe.[265]) Einigkeit herrscht darüber, daß der *Dea Roma*-Kult aus dem hellenistischen Herrscherkult entstanden ist (soweit dieser von den Städten,

---

[255]) Dazu *Bernhardt*, Imperium, 114–132; *ders.*, Polis, 33–64.
[256]) *Dahlheim*, Gewalt und Herrschaft, 174–186.
[257]) *Accame*, Il dominio romano, 79.
[258]) *Sherwin-White*, Roman Foreign Policy, 67f.
[259]) *Lintott*, Imperium Romanum, 39.
[260]) *Walbank*, Rez. zu *Accame*, Il dominio romano, 206; zustimmend *Dahlheim*, Gewalt und Herrschaft, 124 Anm. 143.
[261]) *Mellor*, ΘΕΑ ΡΩΜΗ; vgl. *ders.*, The Goddess Roma, 950–1030.
[262]) *Fayer*, Il culto della dea Roma; *dies.*, Il culto del Demos dei Romani, 461–477.
[263]) *Fears*, Ο ΔΗΜΟΣ, 274–286.
[264]) *Mellor*, ΘΕΑ ΡΩΜΗ, 21. Vgl. die Kritik von *Bleicken*, Geschichte der römischen Republik, 155.
[265]) *Fayer*, Il culto della dea Roma, 9, 13f.

nicht von den Monarchen ausging), in dem *Christian Habicht*[266] „primär ein allgemein historisches und nur sekundär ein religionsgeschichtliches Phänomen" sah. Umstritten ist, ob die früheste *Roma*-Münze, die zwischen der ersten Hälfte und dem Ende des 3. Jahrhunderts v. Chr. angesetzt wird und aus dem italischen Lokroi stammt, darauf hindeutet, daß der *Roma*-Kult in den griechischen Städten des Westens begonnen hat.[267] Auf jeden Fall hat er seine geistigen Wurzeln im Osten und dort in republikanischer Zeit seine Ausprägung erfahren. Nicht klar erkennbar ist auch, ob der Kult von Rhodos, der in einigen Städten des Ostens eine Rolle spielte, die Übertragung des hellenistischen Herrscherkults auf *Roma* erleichtert hat.[268] Anfangs ist die Einrichtung des Kultes der Θεά 'Ρώμη in einer griechischen Stadt stets aus einer besonderen politischen Situation heraus erfolgt, und zwar wie *Malcolm Errington*[269] gegen *Mellor* und *Fayer* betonte, nicht als Mittel, um römische Hilfe herbeizuführen, sondern vielmehr als Ausdruck der Dankbarkeit für bereits empfangene römische Unterstützung. Später wurde der Kult immer mehr ein Zeichen allgemeiner Loyalität gegenüber Rom. In den meisten freien Städten Griechenlands und Kleinasiens wurde er anscheinend nach 188 v. Chr.[270] eingeführt, in den Städten Lykiens und Kariens 167, nach der von Rom erzwungenen Befreiung von rhodischer Herrschaft[271], im ehemaligen Attalidenreich nach 133. Seine Ausgestaltung war, wie besonders *Mellor* gezeigt hat, vielfältig: In der Regel wurde er, wie der hellenistische Herrscherkult, im Gymnasion betrieben; aufwendiger war die Errichtung eines Tempels oder wenigstens einer „Kapelle".[272] Manchmal erfolgte die Verehrung von *Roma* auch in Verbindung mit einer einheimischen Gottheit, wie auch die *Roma*-Spiele, die *Romaia*, mit einheimischen Spielen verknüpft werden konnten. Besondere Beachtung verdient die Verbindung zwischen *Roma* und *Zeus Eleutherios*, aber auch die von *Roma* mit römischen Begriffen, wie *Fides* (bzw. Πίστις). Die hervorragende Stellung des *Roma*-Kultes wurde in manchen Städten dadurch zum Ausdruck gebracht, daß man die *Roma*-Priester – gelegentlich in Kombination mit einem anderen Amt – mit dem Prestige der Eponymität ausstattete sowie durch die Prägung von *Roma*-Münzen durch Städte oder ganze *Koina*.

Weihungen oder Opfer brachten die Griechen auch dem δῆμος

---

[266] *Habicht*, Gottmenschentum, 236.
[267] *Mellor*, ΘΕΑ ΡΩΜΗ, 109, 132, 162 f.; ders., Goddess, 961 f.; *Fayer*, Il culto della dea Roma, 9–28; *Jones*, Rez. zu *Mellor*, ΘΕΑ ΡΩΜΗ, 78.
[268] *Mellor*, ΘΕΑ ΡΩΜΗ, 20–26; ders., Goddess, 956.
[269] *Errington*, Θεά 'Ρώμη, 100 f., 113.
[270] Vgl. *Moretti*, Chio e la lupa capitolina, 33–54: Auf Chios kurz nach 188 v. Chr. in Verbindung mit der Einführung des *Roma*-Kultes Monument der kapitolinischen Wölfin mit Romulus und Remus.
[271] *Errington*, Θεά 'Ρώμη, 102–114.
[272] *Tuchelt*, Frühe Denkmäler, 29, 33.

'Ρωμαίων[273]) und den 'Ρωμαῖοι εὐεργέται dar, doch hielt *Mellor*[274]) diese Art der Verehrung ohne die Koppelung mit dem *Roma*-Kult nicht für einen wirklichen Kult, da beide weder eine eigene Priesterschaft noch eigene Heiligtümer gehabt hätten. Dagegen vertrat *Rufus Fears*[275]) die Ansicht, daß der Kult des δῆμος 'Ρωμαίων auch ohne die häufige Verbindung mit *Roma* als selbständiger Kult zu verstehen sei. Den Ursprung sah er in dem – ebenfalls in hellenistischer Zeit entstandenen – Kult verschiedener *Demoi* griechischer Städte[276]), der schon im 3. Jahrhundert auf Rom eingewirkt und dort spätestens 218/17 v. Chr. zur Einrichtung des Kultes des *Genius Publicus* geführt habe. Dieser habe dann in der Gestalt des *Genius Populi Romani* wiederum den Anknüpfungspunkt für den Kult des *Demos* der Römer in griechischen Städten gegeben, habe allerdings nicht die Bedeutung des *Roma*-Kultes erlangt. *Habicht*[277]) datiert ein Denkmal für den *Populus Romanus* auf Samos ins Jahr 188 v. Chr. Wenn das richtig ist, wäre dieses Monument das älteste, das wir bis jetzt kennen.

Konnten die 'Ρωμαῖοι εὐεργέται zusammen mit *Roma* göttliche Ehren empfangen, dann war das auch für einzelne römische Feldherren und später Statthalter sowie andere mächtige Römer möglich, die einer Stadt *beneficia* erwiesen hatten. Das früheste Beispiel ist die Verehrung der *Roma* und des Flamininus im euböischen Chalkis. Für die Zeit nach der Einrichtung römischer Provinzen erblickte *Christopher Jones*[278]) gerade im – gelegentlich mit Spielen verbundenen – Statthalterkult die eigentliche Fortsetzung des hellenistischen Herrscherkults, während der *Roma*-Kult zu einer bloßen Formalität abgesunken sei. Dabei ist allerdings, wie *Klaus Tuchelt*[279]) gezeigt hat, die Einschränkung zu machen, daß die Städte Kleinasiens nicht ohne weiteres die Repräsentationsformen hellenistischer Könige auf römische Statthalter übertrugen, sondern Ehrungen für diese mit denen für verdiente Mitbürger auf eine Stufe stellten. Nicht einmal Sulla und Lukull, sondern erst Pompeius, Caesar und Marcus Antonius traten – nicht zuletzt auf eigene Initiative hin – völlig in die Fußstapfen hellenistischer Monarchen: Pompeius wurde „wie ein Gott", Caesar als θεός und Marcus Antonius als neuer Dionysos gefeiert, wobei die Athener noch ein weiteres taten und Octavia mit ihrer Stadtgöttin Athene gleichsetzten sowie später Kleopatra als neue Isis begrüßten.[280])

---

[273]) Vgl. *Habicht*, Athen, 274.
[274]) *Mellor*, ΘΕΑ ΡΩΜΗ, 25 f.
[275]) Wie Anm. 263; vgl. *Jones*, Rez. zu *Mellor*, ΘΕΑ ΡΩΜΗ, 79.
[276]) Zu Athen vgl. *Habicht*, Athen, 183 f.
[277]) *Habicht*, Samos weiht eine Statue, 259–268; zum kombinierten Kult der *Hestia*, des *Demos* von Athen und der *Roma* auf Delos nach 167 v. Chr. vgl. ders., Athen, 257 f.
[278]) *Jones*, Rez. zu *Mellor*, ΘΕΑ ΡΩΜΗ, 80.
[279]) *Tuchelt*, Frühe Denkmäler, 119–129.
[280]) Ebd. 125–129; *Bernhardt*, Polis, 176–178; *Habicht*, Athen, 358 f.

Eine exklusive Form der Ehrung Roms, die der Erlaubnis des römischen Senats bedurfte, waren Weihungen griechischer Städte an *Juppiter Capitolinus* auf dem Kapitol in Rom.[281]) Die Weihung der *Roma*-Statue durch den Lykischen Bund, deren Datierung in der Forschung zwischen kurz nach 167 und kurz nach 85 v. Chr. schwankt, wird jetzt mit der Einrichtung des *Roma*-Kults in Lykien nach der Befreiung von rhodischer Herrschaft in Zusammenhang gebracht (s. oben S. 27), und dementsprechend erhält das erste Datum wieder den Vorzug.[282])

4. Ehrungen griechischer Städte für die 'Ρωμαῖοι εὐεργέται und einzelne Römer

Auch außerhalb der kultischen Sphäre wurden die Römer von den griechischen Städten kollektiv als 'Ρωμαῖοι εὐεργέται bzw. κοινοὶ εὐεργέται geehrt.[283]) Diese propagandistische Sprachregelung war offensichtlich so verbreitet, daß Mithridates VI. sie während seines ersten Krieges gegen Rom umkehren und die Römer offiziell zu κοινοὶ πολέμιοι erklären ließ.[284]) Wie *Andrew Erskine*[285]) gezeigt hat, war die Bezeichnung κοινὸς εὐεργέτης in vorrömischer Zeit häufig auf hellenistische Monarchen in der Hoffnung auf oder nach dem Empfang von „Wohltaten" angewendet worden, doch habe sie in bezug auf Rom eine inhaltliche Veränderung erfahren: Sie habe jetzt in erster Linie als Loyalitätsbekundung gegenüber der römischen Weltmacht gedient, die nach 188 und vor allem nach 167 keine ebenbürtigen Gegner mehr gehabt habe; sie sei als das griechische Echo der römischen Propaganda zu verstehen, die vorgab, daß Rom sich für das Wohl und die Freiheit aller griechischen Städte einsetzte. Gelegentlich konnte sie auch Ausdruck der Dankbarkeit einer einzelnen Stadt für konkrete Akte römischen Wohlwollens sein.[286]) Auf die Interpretation, die *Jean-Louis Ferrary* der Formel 'Ρωμαῖοι εὐεργέται gibt, ist schon an früherer Stelle hingewiesen worden (s. oben S. 23).

Bezüglich der Ehrungen für einzelne Römer hat die neuere Forschung das Schlagwort von der *adulatio Graeca* stark relativiert. Die überschwenglichen Ehrungen für T. Quinctius Flamininus[287]) dürften als Ausdruck echter Begeisterung und Dankbarkeit zu werten sein. Aber im allgemeinen zeigte sich die Zurückhaltung der Griechen schon daran, daß, wie der archäologische Befund

---

[281]) *Bernhardt*, Polis, 169 und die dort angeführte Literatur.
[282]) *Errington*, Θεὰ 'Ρώμη, 102 und die dort angeführte Literatur.
[283]) *Erskine*, The Romans as Common Benefactors, 70–87.
[284]) Siehe die Literatur ebd. 70 Anm. 1.
[285]) Ebd. 70–87.
[286]) *Habicht*, Athen, 273.
[287]) Vgl. *Erskine*, The Romans as Common Benefactors, 82 Anm. 53.

4. Ehrungen griechischer Städte

ergeben hat[288]), Reiterstandbilder für Römer im Osten sehr selten errichtet wurden[289]), während sie im Westen seit sullanischer Zeit häufig zu finden sind. Sogar mit Erzstatuen für römische Beamte waren wenigstens die Griechen in der Provinz Asia in den ersten fünfzig Jahren nach der Errichtung der Provinz ausgesprochen sparsam.[290]) In Athen weihte die Regierung Statuen von römischen Beamten auf der Akropolis seit dem ausgehenden 2. Jahrhundert v. Chr.[291]) In Asia nahmen die *Euergetes*- und *Soter*-Ehrungen sowie Statuen für römische Provinzialmagistrate erst in den sechziger Jahren des 1. Jahrhunderts v. Chr. zu.[292])

Anscheinend waren es mächtige Römer und ihre Günstlinge, die im Osten auf eine Steigerung drängten: Monumente, Statuen, Viergespanne, Kranzspenden nach kleineren militärischen Erfolgen und Gesandtschaften an den römischen Senat, die dort eine Lobrede auf Statthalter nach Ablauf von deren Amtszeit vortragen sollten. Hinzu kamen Geschenke für Statthalter am Beginn ihrer Amtszeit und die Gewährung von standesgemäßen Quartieren für durchreisende römische Würdenträger. Dabei spielte nicht nur die Art der Ehrungen eine Rolle, sondern auch das Ansehen der Stadt, die sie gewährte. Selbst geringere Ehrungen in einer berühmten Stadt konnten unter Umständen mehr zählen als größerer Aufwand in einer weniger bekannten.[293]) Die Städte versuchten die Kosten für solche Ehrungen möglichst gering zu halten, z. B. durch Umwidmung schon vorhandener Statuen, und indem sie beim römischen Senat gesetzliche Einschränkungen erwirkten, wie sie unter der Diktatur Sullas und Caesars erlassen wurden.[294]) In der ausgehenden Republik kommen Formen von Ehrungen auf, die die Kaiserzeit vorwegnehmen: Nicht nur römische Adlige empfangen üppigere Ehrungen, sondern auch deren Günstlinge aus dem Freigelassenenstand, und etliche Städte nehmen die Namen ihrer römischen Förderer an, im Fall des Marcus Antonius sogar den Namen von dessen Gattin Fulvia.[295]) Die zahlreichen Pompeiopoleis sind ein Zeugnis für die überragende Popularität des Pompeius im Osten[296]), können aber, wie *Alois Drei-*

---

[288]) *Tuchelt*, Frühe Denkmäler, 122, 124.
[289]) Zur historischen Bedeutung des Reiterstandbildes für L. Licinius Murena in Kaunos siehe *Bernhardt*, Zwei Ehrenstatuen, 117–122; *Marek*, Karien, 304–307.
[290]) *Tuchelt*, Frühe Denkmäler, 123 f.
[291]) *Habicht*, Athen, 295.
[292]) *Tuchelt*, Frühe Denkmäler, 125, 127; zu den besonderen Ehrungen für P. Servilius Isauricus siehe *Freber*, Der hellenistische Osten, 112 f.
[293]) *Tuchelt*, Frühe Denkmäler, 121; *Bernhardt*, Polis, 178.
[294]) *Bernhardt*, Polis, 179–181.
[295]) Ebd. 171–175; zu den Ehrungen für Caesar vgl. *Freber*, Der hellenistische Osten, 27–30, 116 f.
[296]) Zu den Ären, mit denen kilikische Städte die Bedeutung des Feldzuges des Pompeius hervorhoben, siehe *Ziegler*, Ären kilikischer Städte, 203–219; zu den Ären der Städte im allgemeinen vgl. *Leschhorn*, Antike Ären.

zehnter[297]) nachgewiesen hat, nicht als Beleg für Städtegründungen des Imperators herangezogen werden. Marcus Antonius hat, wie später einige Kaiser, gelegentlich sogar städtische Ämter bekleidet.[298]) Die Städte reagierten damit auf die veränderten Machtverhältnisse in Rom während der ausgehenden Republik. Ob diese Ehrungen auch ein Zeichen für engere Bindungen an Rom waren, ist zweifelhaft.

5. Klientelverhältnisse griechischer Städte zu römischen Aristokraten

Bis in die 1980er Jahre war es geradezu communis opinio, daß die Römer ihr italisches Klientelsystem auf die außeritalischen Gebiete übertragen hätten. Dabei hätten sie im Osten an die griechische Proxenie anknüpfen können.[299]) Dieses System habe beiden Seiten Vorteile gebracht: den römischen *patroni* eine Erweiterung ihres innenpolitischen Einflusses, den griechischen Klienten die Fürsprache mächtiger Römer für ihre Anliegen im Senat. Daraus hätten sich schließlich so feste Bindungen entwickelt, daß die Beziehungen zwischen den römischen *patroni* und ihren griechischen Klienten ein stabiler Stützpfeiler der römischen Herrschaft geworden und wenigstens in den Bürgerkriegen der ausgehenden Republik eine bessere Garantie für den Bestand des römischen Reiches gewesen seien als die Legionen.

Bei der Beurteilung dieser Frage ist ein nicht unwesentliches Kriterium die Terminologie, die in den Inschriften zutage tritt. Hier läßt sich sagen, daß die Forschung bezüglich des Zeitpunktes der Übernahme der römischen Begriffe *patronus* und *patronatus* in der griechischen Welt einen entscheidenden Schritt vorangekommen ist: Glaubte man vorher, den frühesten Beleg für πάτρων schon im Jahr 166 v. Chr., für πατρωνήα bzw. πατρωνεία aber erst in der Zeit nach dem Ersten Mithridatischen Krieg ansetzen zu müssen, so führte *G. Chiranky*[300]) im Zusammenhang mit der Datierungsfrage von Syll.³ 656 überzeugende Argumente dafür ins Feld, daß der Begriff πάτρων erst nach dem Beginn der direkten römischen Herrschaft im Osten in Gebrauch kam, und die Publikation der Kolophon-Inschriften durch *Louis* und *Jeanne Robert*[301]) lieferte den Beweis, daß πατρωνεία schon im späten 2. Jahrhundert v. Chr. gebräuchlich war. Häufiger verwendeten die Griechen jedoch Begriffe wie εὐεργέτης, σωτήρ oder (seltener) κτίστης. Dabei stellt sich das Problem, daß diese Ehren-

---

[297]) *Dreizehnter*, Pompeius als Städtegründer, 213–245, bes. 235–245.
[298]) *Bernhardt*, Polis, 177 f.; *Habicht*, Athen, 360: Trotz seiner Stellung als Gymnasiarch in Athen hatte Antonius wohl nicht das athenische Bürgerrecht.
[299]) Literatur bei *Gruen*, The Hellenistic World, Vol. 1, 162 Anm. 26; *Bernhardt*, Polis, 170 Anm. 212, 213.
[300]) *Chiranky*, Rome and Cotys, 470–481.
[301]) *Robert*, Claros I, 35 f.; dazu *Ferrary*, Le statut des cités libres, 559 f.

bezeichnungen zwar auf ein Klientelverhältnis hinweisen können, aber keineswegs müssen, sondern auch auf Personen angewendet wurden, die keine *patroni* waren. Deshalb versuchte *Rainer Bernhardt*[302]) Kriterien aufzustellen, die auf ein Klientelverhältnis schließen lassen. Gleichzeitig meldete er Zweifel an der Festigkeit der Klientelbeziehungen an, in dem er darauf hinwies, daß griechische Städte ihre Interessen durchaus auch gegen ihre *patroni* wahrnahmen, und schätzte ihre Tauglichkeit als Stabilisierungsfaktor der römischen Herrschaft gering ein.[303])

Erich Gruen[304]) bestritt überhaupt den italischen Charakter der „Klientelbeziehungen" im Osten. Vielmehr sei die Initiative von den Griechen ausgegangen, die auf mächtige Römer die gleichen Ehrungen übertragen hätten wie auf hellenistische Herrscher. Solche Ehrungen und selbst die Verleihung der Proxenie hätten kein *patrocinium* im römischen Sinne hergestellt. Zwar hätten die römischen „Wohltäter" ein gewisses Maß an Dankbarkeit von den betreffenden Griechen erwartet, wie es im Osten üblich war, doch habe diese Dankbarkeit kein Gefolgschaftsverhältnis begründet. Vielmehr hätten die griechischen Städte neben den Loyalitätsverhältnissen zu verschiedenen römischen Adligen auch weiterhin solche zu hellenistischen Herrschern unterhalten. Überdies hätten römische Machthaber außeritalische Klienten erst in der ausgehenden Republik für ihre politischen und militärischen Zwecke verwendet. *J. González*[305]) hält die römischen und die griechischen „Klientelbeziehungen" für wesensgleich, da beide auf einem Austausch von *beneficia* und *officia* bzw. εὐεργεσία und εὐχαριστία basierten, während *Malcolm Errington*, wie erwähnt (s. oben S. 16f.), einen wesensmäßigen Unterschied erkennen will.

Auch *Johannes Touloumakos*[306]) hob den Unterschied zwischen εὐεργέτης, σωτήρ und προστάτης auf der einen und πάτρων auf der anderen Seite hervor. Den Patronat hätten die Griechen vor allem als genuin römische, vom Verhältnis des Freigelassenen zu seinem früheren Herrn herrührende Institution gekannt, für die es bei ihnen kein Analogon gegeben habe. Die Bezeichnungen εὐεργέτης und σωτήρ seien Ehrungen für den Empfang wichtiger Vergünstigungen und im Gegensatz zum Patronat weder vererbbar noch mit festen Verpflichtungen beider Seiten verknüpft gewesen. Dafür seien jedoch die Ehrenbezeigungen (z. B. Spiele oder ein Kult) oft erheblich üppiger ausgefallen als es gegenüber Patronen üblich war. *Touloumakos* vermutet sogar, daß die Propagierung dieses Begriffs vom römischen Senat ausgegangen sei. Dieser habe damit den Griechen ihre Pflicht zum Gehorsam gegenüber Rom demonstrieren und gleichzeitig einzelne römische Aristokraten zügeln wollen, die allzuviel

---

[302]) *Bernhardt*, Polis, 171–179.
[303]) Vgl. ebd. 280.
[304]) *Gruen*, The Hellenistic World, Vol. 1, 162–200.
[305]) *Gonzáles*, P. Cornelius Scipio Aemilianus, 143–156.
[306]) *Touloumakos*, Zum römischen Gemeindepatronat, 304–324.

Geschmack an den reichen Ehrungsformen des Ostens gefunden hätten. Doch sei diese Initiative des Senats nicht systematisch erfolgt und habe keine institutionelle Grundlage erhalten. Dagegen will *Walter Ameling*[307]) eine engere Verbindung zwischen σωτήρ und πάτρων als zwischen εὐεργέτης und πάτρων ausmachen. Indessen hat jedoch *Engelbert Winter*[308]) eine Inschrift aus Ilion veröffentlicht, in der Pompeius als πάτρων καὶ εὐεργέτης geehrt wird.

David Braund[309]) schilderte die beträchtliche Bedeutung des Beziehungsnetzes zwischen römischen Aristokraten und von Rom abhängigen bzw. untertänigen Staaten im positiven wie im negativen Sinn und wandte sich gegen deren Geringschätzung durch *Gruen*. Die Kommunikation zwischen diesen Staaten und dem römischen Senat habe sich im wesentlichen nicht mittels direkter Kontakte zum Senat oder über die römischen Amtsträger in den Provinzen, sondern über römische *patroni* vollzogen. Die Auswertung der Claros-Inschriften durch *Jean-Louis Ferrary*[310]) wird die Bedeutung der *patroni* in dieser Hinsicht noch unterstreichen. Allerdings brauchten nicht alle griechischen Staaten diesen Weg zu wählen, wie *Christian Habicht*[311]) mit Berufung auf *Jean-Louis Ferrary*[312]) betont hat: Athen und Rhodos hatten genügend politisches Eigengewicht und Ansehen beim Senat, um auf römische *patroni* verzichten zu können.

6. Römische Eingriffe in die inneren Verhältnisse der griechischen Städte und die Haltung einzelner politischer und sozialer Gruppen gegenüber Rom

Die im 19. und frühen 20. Jahrhundert weit verbreitete Auffassung, daß seit dem 4./3. Jahrhundert v. Chr. das Engagement des Polisbürgers für seine Stadt nachgelassen und einer kosmopolitischen, individualistischen und privatistischen Einstellung Platz gemacht habe, wurde schon von *Michael Rostovtzeff* partiell korrigiert. Zwar verwischten sich aus seiner sozialgeschichtlichen Perspektive die Grenzen zwischen Bürgern und Nichtbürgern sowie zwischen Freien und Sklaven zugunsten der gesellschaftlichen Kategorien „Bourgeoisie" und „working classes", doch sei wenigstens die „Bourgeoisie" weiterhin Trägerin des Polisbewußtseins geblieben, während es den verarmten „working

---

[307]) *Ameling,* Lucius Licinius in Chios, 100 Anm. 18.
[308]) *Winter,* Stadt und Herrschaft, 175–194.
[309]) *Braund,* Function and Dysfunction, 137–152.
[310]) Ankündigung in: *Ferrary,* Le statut des cités libres, 559–561.
[311]) *Habicht,* Athen, 15.
[312]) Rapports préliminaires des 10. Internationalen Kongresses für griechische und lateinische Epigraphik, Nîmes 1992, 80, (zitiert nach *Habicht,* Athen, 15 Anm. 9).

classes" hauptsächlich um eine Linderung ihrer wirtschaftlichen Not durch eine radikale Umverteilung der Besitzverhältnisse gegangen sei. Indessen hat sich bei vielen Forschern die Einsicht durchgesetzt, daß die Polis auch in hellenistischer Zeit noch als intakte politische Einheit anzusehen ist, die von den Bürgern aller sozialen Schichten als Schicksalsgemeinschaft und Lebensform empfunden wurde, und dementsprechend bekamen die juristischen Abgrenzungen zwischen Bürgern und Nichtbürgern sowie zwischen Freien und Sklaven wieder mehr Geltung. Diese Erkenntnis gewann besonders *Louis Robert* aus seiner umfassenden epigraphischen Detailforschung, ebenso *Rainer Bernhardt*[313]), *Jean-Louis Ferrary*[314]) und *Friedemann Quaß* (s. unten) in ihren historischen Monographien unter verschiedenen Fragestellungen, und in jüngster Zeit bekräftigte *Christian Habicht*[315]) noch einmal, daß „die griechischen Städte... weiterhin lebensfähige und vitale politische Gebilde blieben". Ihr innenpolitischer Freiraum habe sich in hellenistischer Zeit, verglichen mit der klassischen Epoche, sogar vergrößert. Lediglich *Werner Dahlheim* (s. unten) will wenigstens in der ausgehenden Republik Ansätze zu einer Auflösung der Polis erkennen.

Es stellt sich allerdings die Frage, ob die innere Entwicklung der Polis vom 4. Jahrhundert an kontinuierlich verlaufen ist oder ob einschneidende Veränderungen stattfanden. *Philippe Gauthier*[316]) glaubt aufgrund einer eingehenden Analyse der inschriftlich erhaltenen Ehrendekrete für städtische Euergeten eine Zäsur im frühen 2. Jahrhundert v. Chr. ansetzen zu müssen: Im 4. Jahrhundert und der „haute époque hellénistique" seien die Euergeten noch als bürgerliche Repräsentanten ihrer Stadt in Erscheinung getreten, während sie in der „basse époque hellénistique" eine von der übrigen Bürgerschaft getrennte Klasse geworden seien. Ihre Tätigkeit als Euergeten sei nicht mehr an die Bekleidung eines städtischen Amtes gebunden gewesen und den männlichen Bürgern zugute gekommen, sondern gleichsam als „patrons" ihrer Stadt hätten sie die hellenistischen Könige nachgeahmt und ihre Wohltaten auf alle Einwohner, d.h. auch auf Frauen, Kinder, freie Nichtbürger und sogar Sklaven ausgedehnt. In dieser Phase hätten sich auch reiche Frauen als Euergeten betätigen und so hellenistische Königinnen imitieren können. Unversehens nähert sich hier *Gauthier* wieder ein Stück der Konzeption *Rostovtzeffs*. *Adrian Sherwin-White*[317]) glaubte zwischen dem ausgehenden 2. und dem frühen 1. Jahrhundert v. Chr. eine Zäsur in der sozialen Entwicklung der Städte Kleinasiens feststellen zu können, als sich aus der städtischen Oberschicht einzelne steinreiche Magnaten herausge-

---

[313]) *Bernhardt*, Polis, 8–11, 281–284.
[314]) *Ferrary*, Philhellénisme, 347 f.
[315]) *Habicht*, Athen, 362.
[316]) *Gauthier*, Les cités grecques, 66–75; vgl. ders., Les cités hellénistiques, 212.
[317]) *Sherwin-White*, Roman Foreign Policy, 248, 253 f.

bildet hätten. *Friedemann Quaß*[318]) lehnte in seinem umfangreichen Werk über die „Honoratiorenschicht" in den griechischen Städten die Periodeneinteilung *Gauthiers* ab. Für ihn begann im frühen Hellenismus eine neue Epoche der Polisgeschichte, die sich im wesentlichen kontinuierlich bis in die römische Kaiserzeit hinein erstreckte. Kennzeichnend sei die zunehmende finanzielle Abhängigkeit der Städte von einzelnen reichen Mitbürgern gewesen, die an immer üppigeren Ehrenbeschlüssen und der Verleihung von Privilegien für Euergeten ablesbar sei. Dieser Trend habe ein zunehmendes aristokratisches Selbstverständnis der städtischen Oberschicht zur Folge gehabt.[319]) Die Ursachen seien jedoch nicht nur der für die Städte wichtige diplomatische Verkehr mit hellenistischen Monarchen und römischen Aristokraten[320]) oder gar direkte Interventionen von Königen zugunsten einer Oligarchie oder Tyrannis gewesen, sondern auch und vor allem schwere militärische Belastungen und das Aufkommen des Söldnerwesens, eine häufig infolge von Krieg und Piraterie gestörte Versorgungslage und die höheren Ansprüche der Bürgerschaft an öffentlichen Luxus (Bauten, Feste, Spiele usw.). Trotzdem sei die Oberschicht in ihrer jeweiligen Stadt verwurzelt geblieben und in den Städten hätten sich durchaus noch demokratische Elemente, besonders ein nicht zu unterschätzendes politisches Gewicht der Volksversammlung[321]) erhalten, so daß sie sich mit einer gewissen Berechtigung als „Demokratien"[322]) bezeichnet hätten. *Christian Habicht*[323]) geht noch weiter und setzt sich für eine weitreichende Kontinuität der innenpolitischen Verhältnisse in den griechischen Städten seit der klassischen Zeit ein.

Welchen Einfluß hat Rom auf diese „Demokratien" genommen? Hat es sie unterdrückt und in oligarchische Regimes umgewandelt, wie die ältere Forschung glaubte?[324]) Nicht nur die literarische, sondern, wie als erster *Johannes Touloumakos*[325]) feststellte, auch die epigraphische Überlieferung ist für dieses Thema wenig aussagekräftig. Das wird auch in Monographien über einzelne Städte bestätigt: *Susan Sherwin-White*[326]) konnte keine Modifikationen der Verfassung von Kos in römischer Zeit ausmachen; *Christian Habicht*[327]) und

---

[318]) *Quaß*, Die Honoratiorenschicht, 15f., 34 Anm. 89, 39 Anm. 104.
[319]) Zur Führungsschicht des Achaiischen und Aitolischen Bundes siehe *O'Neil*, The Political Elites, 33–54; zu Aphrodisias *Reynolds*, New Evidence, 107–113.
[320]) Zum Einfluß der Beziehungen zwischen Angehörigen der griechischen Führungsschicht und römischen Aristokraten auf die Stellung der betreffenden Griechen in ihrer Stadt vgl. *Quaß*, Zum Einfluß der römischen Nobilität, 199–215.
[321]) Vgl. *Bernhardt*, Polis, 255; für die Kaiserzeit *Orth*, Demos-freundliche Tendenzen, 50–59; *Rogers*, The Assembly, 224–228 (Ephesos).
[322]) Vgl. *Quaß*, Zur Verfassung, 37–52; *Gauthier*, Les cités hellénistiques, 82–107.
[323]) *Habicht*, Ist ein „Honoratiorenregime" das Kennzeichen der Stadt?, 87–92.
[324]) So noch *Forte*, Rome and the Romans, 26f.
[325]) *Touloumakos*, Der Einfluß Roms.
[326]) *Susan M. Sherwin-White*, Ancient Cos, 187.
[327]) *Habicht*, Athen, 313–320, 352, 356.

Robert Kallet-Marx[328]) kamen zu dem Schluß, daß die römischen Eingriffe in die Verfassung Athens in oligarchische oder demokratische Richtung, die die Forschung aufgrund inschriftlicher Indizien angenommen hatte, weder für die vor- noch für die nachsullanische Zeit stichhaltig zu belegen sind. Bestimmend für die athenische Verfassung sei, so *Habicht*, „das Vorherrschen oligarchischer Elemente gegenüber den fortbestehenden demokratischen Zügen" gewesen, was jedoch „schwerlich als Folge einer direkten Einwirkung Roms, vermutlich aber unter wohlwollender Duldung von seiten der regierenden Kreise in Rom" zustande gekommen sei.[329]) In nachsullanischer Zeit habe das Gewicht der oligarchischen Elemente in der Verfassung weiter zugenommen. Allerdings gibt es für andere griechische Staaten einige literarische und epigraphische Hinweise auf Verfassungsänderungen aufgrund römischer Eingriffe, doch werden sie unterschiedlich gedeutet. Dabei geht es hauptsächlich darum, wie weit die Römer einen Vermögenszensus für die Ämterbekleidung einführten und den städtischen Rat von einer jährlich gewählten Körperschaft in eine Institution mit lebenslänglicher Mitgliedschaft umwandelten.[330]) *Touloumakos*[331]) zog für Griechenland und die Inseln das Resümee, daß die Römer kein neues Element in die Innenpolitik der griechischen Staaten eingeführt, sondern lediglich die vorhandenen Strömungen gefördert hätten. Typisch seien größere Kompetenzen für die Exekutive und den Rat gewesen, der jedoch weiterhin jährlich gewählt worden sei. Zwar meinte *Thomas Schwertfeger*[332]), Rom habe 146 v. Chr. in Achaia durch die Einführung eines Zensus für die Ämterbekleidung die „absolute Demokratie" beschränkt und sei ein Bündnis mit den „besitzenden Kreisen" eingegangen. Er berief sich auf die inschriftlich überlieferte, jetzt ins Jahr 144/43 v. Chr. datierte[333]) Unterdrückung der Umsturzbewegung in Dyme durch den Statthalter von Macedonia, mußte aber zugeben, daß wenigstens ein Teil des städtischen Synhedrions trotz der timokratischen Zusammensetzung dieses Gremiums mit der Forderung nach Schuldenstreichung sympathisierte und einer der Hauptbeteiligten sogar Damiurg war. *Giuseppe Luzzato*[334]) mutmaßte, daß die Aufrührer sogar „un regime di tipo comunista" hätten errichten wollen. Dagegen lehnte es *Robert Kallet-Marx*[335]) nach einer eingehenden Überprüfung des fragmentarischen Inschriftentextes ab, die Unruhen in Dyme als sozialrevolutionär, demokratisch und antirömisch einzustufen, wie es der größte Teil der bisherigen Forschung getan hatte. Es sei nicht einmal sicher, ob

---

[328]) *Kallet-Marx*, Hegemony, 198–220.
[329]) Vgl. das ähnliche Urteil für Griechenland bei *Kallet-Marx*, Hegemony, 70f.
[330]) Übersicht bei *Bernhardt*, Polis, 219–226.
[331]) *Touloumakos*, Der Einfluß Roms, 150–154.
[332]) *Schwertfeger*, Der Achaiische Bund, 65–76; ähnlich *Luzzato*, Roma e le provincie, Vol. 1, 83.
[333]) Wie Anm. 157.
[334]) *Luzzato*, Roma e le provincie, Vol. 1, 80.
[335]) *Kallet-Marx*, Quintus Fabius Maximus, 129–135.

die Forderung nach Schuldenstreichung ein Motiv für die Unruhen gewesen sei. Für wahrscheinlicher hält er es, daß griechische Politiker im Zuge der Neuordnung Griechenlands nach dem Achaiischen Krieg ihre örtlichen Rivalen bei den Römern angeschwärzt hätten, wie es schon nach 168 v. Chr. geschehen war. Seiner Meinung nach kann die Inschrift aus Dyme nicht als Beleg für eine etwaige römische Verfassungsänderung im oligarchischen Sinn in Achaia herangezogen werden.[336]) *Geoffrey de Sainte Croix*[337]) skizzierte die „destruction of Greek democracy" eher summarisch für den Zeitraum zwischen dem 3. Jahrhundert v. Chr. und dem 3. Jahrhundert n. Chr. und sah darin ein Instrument des Klassenkampfes, den die „propertied classes" mit Hilfe hellenistischer Könige und später der Römer gegen die unteren sozialen Schichten geführt hätten. Inhaltlich seien folgende Kriterien bestimmend: die Einschränkung der Befugnisse der Volksversammlung, die Verknüpfung der Ämter mit Liturgien, die Reduzierung bzw. Abschaffung der Dikasterien, in denen auch Angehörige der unteren sozialen Schichten als Richter fungieren konnten. Dennoch muß er für Griechenland und die ägäischen Städte nach 200 v. Chr. einräumen, daß „there is surprisingly little in the way of identifiable constitutional change that we can confidently attribute to deliberate action on the part of Rome". Sogar bezüglich der Provinz Asia konzediert er, daß der in sullanischer Zeit bezeugte *ordo senatorius*, der auf einen städtischen Rat mit lebenslänglicher Mitgliedschaft hindeutet, wenigstens in *civitates liberae* und *civitates foederatae* nicht eingeführt wurde. *Rainer Bernhardt*[338]) vermutete, daß römische Eingriffe in die Verfassungen griechischer Städte des Ostens, vor allem die Einführung eines Rates mit lebenslänglicher Mitgliedschaft, in größerem Ausmaß erst nach dem Ersten Mithridatischen Krieg erfolgt seien. Doch stellen *Peter Garnsey* und *Richard Saller*[339]) sowie *Robert Kallet-Marx*[340]) auch dies in Frage. Dagegen will *Jean-Louis Ferrary*[341]) die entscheidende Zäsur ins 2. Jahrhundert v. Chr. zurückverlegen und damit auch die These *Gauthiers* (s. oben) untermauern. Seine Interpretation der epigraphischen Belege, auf die er sich beruft, bleibt jedoch hypothetisch[342]), und so kann er sich nur auf die bekannten literarischen Zeugnisse für die Einführung eines Vermögenszensus in Thessalien 194 v. Chr. und Achaia 146 v. Chr. stützen und annehmen, daß diese Maßnahmen nicht temporär, wie *Touloumakos, Gruen, Bernhardt* und *Kallet-Marx*[343]) vermuteten,

---

[336]) *Ders.*, Hegemony, 72 f
[337]) *de Sainte Croix*, The Class Struggle, 300–326, 518–537.
[338]) *Bernhardt*, Polis, 219–226; vgl. *Jones*, The Greek City, 171.
[339]) *Garnsey/Saller*, The Roman Empire, 38 f.
[340]) *Kallet-Marx*, Hegemony, 331 Anm. 168.
[341]) *Ferrary*, Les Romains de la République, 203–216.
[342]) Sein wichtigster Beleg ist eine Inschrift aus Pagai (zwischen 67 und 59 v. Chr.), wo von Beamten und Ratsmitgliedern ἐκ πάντων τῶν ἐτέων die Rede ist. *Ferrary* will darin Ansätze zu einem städtischen *ordo* erkennen.
[343]) *Kallet-Marx*, Hegemony, 69–76.

sondern permanent gewesen seien. Wenig vertrauenerweckend ist der Versuch *Denis Knoepflers*³⁴⁴), den epigraphischen Befund von Chalkis auf Euböa so zu deuten, daß die Römer gegen 167 v. Chr. in ganz Griechenland eine Verfassungsreform mit oligarchischer Zielsetzung durchgeführt und die städtischen βουλαί überall in συνέδρια umgewandelt hätten. Jedenfalls blieben, wie *Rainer Bernhardt* ausführte³⁴⁵), in den Poleis mehr demokratische Elemente bestehen als es die römische Führungsschicht für richtig hielt. Noch kompromißbereiter zeigten sich die Römer bei den Freistädten, denen sie in der Regel ihre traditionelle Verfassung zugestanden, was diese als πάτριος πολιτεία, πάτριοι νόμοι, πάτριος δημοκρατία und δημοκρατία αδούλωτος begrüßten. Die römischen Eingriffe in griechische Verfassungen waren also keineswegs systematisch und flächendeckend, sondern erfolgten von Fall zu Fall als Reaktion auf innere Konflikte oder romfeindliche Haltung (bzw. was die Römer als solche ansahen) im Verlauf von Kriegen und selbst dann keineswegs in allen Fällen. Erklärungsbedürftig bleibt, was die Einführung des Vermögenszensus bewirken sollte, wenn die Übernahme von Ämtern schon vorher in der Praxis nur den Reichen möglich war. *Kallet-Marx*³⁴⁶) vermutet, daß man auf diese Weise verschuldete Aristokraten ausschließen und daran hindern wollte, sich als Amtsinhaber zu bereichern oder eine Schuldenstreichung zu ihrem Programm zu machen, wie es gelegentlich bezeugt ist. Eine wirklich römische Prägung griechischer Verfassungen finden wir hauptsächlich dort, wo die Römer griechische Städte überhaupt erst gründeten, nämlich in Pontus mit der Provinzialordnung des Pompeius. Dort wurden die Buleuten von Zensoren auf Lebenszeit in den Rat berufen, der gegenüber der Ekklesie und den Beamten die dominierende Institution war. Desgleichen sind Zensoren in dem von Sulla gegründeten Aphrodisias bezeugt. Allerdings findet sich die pontische Städteverfassung auch in Bithynien, was *Kallet-Marx*³⁴⁷) als Reaktion des Pompeius auf die antirömische Haltung der bithynischen Städte im Dritten Mithridatischen Krieg zu erklären versucht. *Walter Ameling*³⁴⁸) hat die hauptsächlich aus Plinius d. J. bekannte *lex Pompeia* durch epigraphische Zeugnisse, darunter eine neue Inschrift aus Prusias ad Hypium, ergänzt, die besonders zum Archontat neue Aufschlüsse bringen.

Andere Untersuchungen richten den Schwerpunkt auf das politische Umfeld, d. h. die Motive für die Verfassungsreglementierungen, die politischen Auswirkungen und das allgemeine Verhältnis zwischen der römischen und der griechischen Oberschicht. Die Kernfrage lautet: Basierte die römische Suprematie bzw. Herrschaft über den Osten auf einer „open conspiracy in which Greek and

---

³⁴⁴) *Knoepfler,* Contributions à l'épigraphie de Chalcis, 486–498.
³⁴⁵) *Bernhardt,* Polis, 224–226, 255 f., 269.
³⁴⁶) *Kallet-Marx,* Hegemony, 65–76; vgl. *ders.,* Quintus Fabius Maximus, 143 Anm. 71.
³⁴⁷) *Ders.,* Hegemony, 330 f.
³⁴⁸) *Ameling,* Das Archontat in Bithynien, 19–31.

Roman aristocracies found a bond of sympathy and material interest", wie vor allem die ältere Forschung meinte?[349]) *Adalberto Giovannini*[350]) bekräftigte diese These: Rom habe seine Suprematie schon seit dem frühen 2. Jahrhundert v. Chr. auf den Schutz der besitzenden Schichten gegen revolutionäre Bestrebungen gegründet. Als Perseus sich seit 174 v. Chr. in die heftigen sozialen Unruhen in einigen griechischen Staaten eingemischt habe, habe Rom seine Glaubwürdigkeit *(fides)* gegenüber den Besitzenden und somit seine Suprematie bedroht gesehen. Nachdem Vermittlungsversuche römischer Gesandter in den betroffenen Staaten erfolglos geblieben seien, habe Rom schließlich dem König den Krieg aufgezwungen und die makedonische Monarchie, die sich als Störfaktor der römischen Ordnung in Griechenland erwiesen habe, beseitigt.[351]) *John Briscoe*[352]) machte, was die praktische Politik betraf, einen Unterschied zwischen der römischen Suprematie und der direkten römischen Herrschaft: Zwar habe der römische Senat von vornherein eine Vorliebe für Staatsformen gehabt, in denen die „upper classes" die alleinige politische Kontrolle ausgeübt hätten, doch sei er vor der Einrichtung von Provinzen darauf angewiesen gewesen, auch mit anderen Regimes zusammenzuarbeiten. Erst in der Phase der direkten römischen Herrschaft sei die Demokratie konsequent zugunsten der Herrschaft der „upper classes" beseitigt worden. *Leo Raditsa*[353]) ging unter Berufung auf *Alfredo Passerini*[354]) noch weiter: Rom habe in Griechenland gerade vor dem Perseuskrieg gegen die „upper middle classes", die zu einer Neutralitätspolitik geneigt hätten, die unteren sozialen Schichten für sich einzunehmen versucht und Ochlokratien favorisiert.

Bezüglich der griechischen Seite glaubte *Alexander Fuks*[355]) eine klare Frontstellung abstecken zu können: Das Verhältnis der Oberschicht zu Rom sei unterschiedlich gewesen, aber die unteren sozialen Schichten hätten stets eine romfeindliche Haltung eingenommen und sich eine Verbesserung ihrer sozialen und wirtschaftlichen Lage von einem Zusammengehen mit den hellenistischen Königen erhofft. Auch *Jürgen Deininger*[356]) versuchte die politischen Beziehungen zwischen den Staaten Griechenlands und Rom aus der griechischen Perspektive zu analysieren, wobei er sich auf den Widerstand gegen Rom

---

[349]) *Gray*, Rez. zu *Magie*, Roman Rule,123; weitere Vertreter dieser These bei *Gruen*, Class Conflict, 48 Anm. 1.
[350]) *Giovannini*, Les Origines, 853–861.
[351]) Zustimmend *Habicht*, Ehrung, 193–199, der die inschriftlich bezeugte relativ kleine Zahl von Familien mit politischen Schlüsselfunktionen in Thessalien auf die von den Römern oktroyierte Verfassung zurückführt. Ähnlich *Hammond/Walbank*, A History of Macedonia, Vol. 3, 493–495, mit Berufung auf Livius. Kritisch zur Intervention des Perseus *Ferrary*, Rome, les Balkans, 755 f.
[352]) *Briscoe*, Rome and the Class Struggle, 3–20.
[353]) *Raditsa*, Bella Macedonica, 586.
[354]) *Passerini*, I moti politicosociali, 324–335.
[355]) *Fuks*, Social Revolution, 437–448.
[356]) *Deininger*, Der politische Widerstand.

konzentrierte, den er als einen einheitlichen von 217 bis 86 v. Chr. dauernden historischen Prozeß auffaßte. Er wandte sich gegen die seit dem 19. Jahrhundert weit verbreitete Ansicht, daß die politischen Kämpfe in den griechischen Staaten des 2. Jahrhunderts v. Chr. zwischen Aristokraten bzw. Oligarchen und Demokraten stattgefunden und die ersten sich an Rom angelehnt, die letzten mit hellenistischen Königen sympathisiert hätten. Vielmehr sei der Gegensatz sozialer Art gewesen, nämlich zwischen der Oberschicht (bei Livius *principes*) und der Unterschicht (bei Polybios οἱ πολλοί, τὸ πλῆθος, οἱ ὄχλοι). Bis 168 v. Chr. seien die *principes* in prorömische und antirömische Faktionen gespalten gewesen, wobei sich die antirömische Gruppe auf die ohnehin antirömischen πολλοί habe stützen können, die von vornherein eine Affinität zu Monarchen und herausragenden „Führerpersönlichkeiten" gehabt hätten. 168/67 v. Chr. sei die antirömische Gruppe der *principes* durch die römischen Deportationen ein für allemal ausgelöscht worden. Deshalb sei der spätere Widerstand gegen Rom nur noch von den πολλοί ausgegangen, während sich die *principes* mit der römischen Suprematie und späteren Herrschaft abgefunden hätten. Gegen das Modell *Deiningers* sind eine Reihe grundlegender Bedenken vorgebracht worden[357]): Es sei zu schematisch und werde den unterschiedlichen Verfassungen und Sozialstrukturen in den einzelen griechischen Staaten nicht gerecht; die Begriffe *principes* und πολλοί (bzw. πλῆθος und ὄχλοι) seien inhaltlich variabel und keineswegs immer mit „Oberschicht" und „Unterschicht" identisch[358]); politische Konstellationen, in denen die Führer von Volksversammlungen mit Rom zusammengearbeitet hätten, seien nicht berücksichtigt worden; der Achaiische Krieg sei keineswegs ausschließlich von den unteren sozialen Schichten getragen worden, sondern die Oberschicht habe ei-

---

[357]) *Derow*, Rez. zu *Deininger*, Widerstand, 303–311; *Musti*, Polibio, 1165 f.; *Bowersock*, Rez. zu *Deininger*, Widerstand, 576–580; *Briscoe*, Rez. zu *Deininger*, Widerstand, 258–261; *Ferrary*, Rome, les Balkans, 762 f.; *Nicolet*, L',,impérialisme" romain, 906 f.; vgl. 902 f.

[358]) Die bestenfalls unscharfe und größtenteils überhaupt nicht vorhandene soziologische Terminologie in den antiken Quellen macht es der modernen Forschung schwer, verschiedene gesellschaftliche Schichten klar voneinander abzugrenzen. *Bernhardt*, Polis, 7, wies auf zwei Belege aus der Kaiserzeit hin: Plin. ep. 10,79, der in den Städten von *Bithynia et Pontus* die *honesti homines* von der *plebs* unterscheidet, und App. b. c. 4,66, 279, der in den griechischen Städten οἱ ἐν λόγῳ μᾶλλον ὄντες dem λαός gegenüberstellt. Zur ersten Kategorie dürften diejenigen zu zählen sein, die hauptsächlich, wenn auch nicht ausschließlich die wichtigsten Ämter und Priesterstellen bekleideten, während unter *plebs* bzw. λαός alle diejenigen subsumiert waren, die nicht zu den führenden Familien gehörten, angefangen von den Neureichen und endend mit dem Stadt- und Landproletariat. *Habicht*, Athen, 322, rechnet zu den führenden Familien in der nachsullanischen Zeit alle Bürger, „die entweder eponyme Archonten, Hoplitenstrategen, Präsidenten des Areopags, Epimeleten von Delos, Agonotheten oder Münzmeister gewesen sind, vermutlich auch die geringeren Archonten. Von diesen müssen als politisch führende Individuen jedenfalls diejenigen gelten, die mehr als einmal Hoplitenstrategen waren oder im Laufe der Jahre in mehreren der genannten Funktionen bezeugt sind."

nen entscheidenden Anteil gehabt; falls der Widerstand einzelner griechischer Staaten gegen Rom überhaupt als ein Kontinuum anzusehen sei, so müsse dessen Ende 146 v. Chr. angesetzt werden; das Bündnis Athens mit Mithridates VI. gehöre in einen anderen Zusammenhang. *Werner Dahlheim*[359]) schloß sich dem Erklärungsmodell *Deiningers* an: Romfeindlich seien „die breiten Unterschichten in den griechischen Städten" gewesen, „die sich von den vermeintlich märchenhaften Schätzen der Könige eine Besserung ihrer elenden Situation versprachen" sowie „Teile der führenden Aristokratien..., die die Träume einstiger politischer Größe nicht begraben wollten". Der römische Sieg über Perseus habe „eine vollständige politische Entmachtung der romfeindlichen Kräfte" (gemeint ist: in der Aristokratie) zur Folge gehabt.

Gegen die These, daß Philipp V., Antiochos III. und Perseus soziale Konflikte in Griechenland ausgenutzt oder sogar geschürt hätten, um dort politisches Terrain für Makedonien zurückzugewinnen, wandten sich entschieden *Erich Gruen*[360]) und *Doron Mendels*.[361]) *Gruen* berief sich auf Polybios, bei dem von einer solchen Frontstellung nichts zu erkennen sei, und äußerte, wie vor ihm schon *Ernst Badian*[362]) und *Peter Derow*[363]), den Verdacht, daß die Einteilung in die angeblich prorömischen *principes* und die antirömische *plebs* auf ein moralistisches Schema bei Livius zurückgehe, mit dem dieser habe suggerieren wollen, daß Rom in jedem Konflikt mit auswärtigen Mächten die „besseren" Leute auf seiner Seite gehabt habe.[364]) In Wirklichkeit habe es in der gesamten griechischen Bevölkerung über alle Klassenschranken hinweg promakedonische, neutralistische und prorömische Gruppen gegeben, und die römischen Gesandten hätten bei ihren Vermittlungsversuchen vor Ausbruch des Dritten Makedonischen Krieges eher die Schuldner als die Gläubiger unterstützt.

Lediglich in Boiotien wollte *Gruen* starke promakedonische Strömungen ausmachen, jedoch nicht aufgrund sozialer Konflikte, sondern wegen der traditionell engen politischen Beziehungen zu Makedonien. Während des Krieges sei die Stimmung in den griechischen Staaten, die formell auf römischer Seite standen, eher neutralistisch gewesen: Man habe sich in die Kämpfe zwischen den Großmächten so wenig wie möglich hineinziehen lassen wollen. *Mendels* sah in dem Vorwurf, Antiochos III. und Perseus hätten in Griechenland soziale Konflikte geschürt, ein Stück römischer Propaganda. Es sei allenfalls möglich, daß Verschuldete und sozial Unzufriedene auf Perseus gesetzt hätten, weil die

---

359) *Dahlheim*, Gewalt und Herrschaft, 116.
360) *Gruen*, Class Conflict, 29–60; ders., Philip V and the Greek Demos, 169–182.; ders., The Hellenistic World, Vol. 2, 417.
361) *Mendels*, The Attitude, 27–38; ders., Perseus, 55–73 (zustimmend *Ferrary*, Philhellénisme, 346 Anm. 254).
362) *Badian*, Foreign *Clientelae*, 147 f.
363) *Derow*, Rez. zu *Deininger*, Widerstand, 303–311.
364) Anders *de Sainte Croix*, The Class Struggle, 520 f.

Römer sich im Krieg gegen Antiochos als Bewahrer des sozialen Status quo dargestellt hätten.

Zu den strengen Maßnahmen Roms gegen feindliche oder neutralistische griechische Staaten und Politiker im und nach dem Dritten Makedonischen Krieg gehörte der (inschriftlich erhaltene) Senatsbeschluß bezüglich der boiotischen Stadt Thisbe (170 v. Chr.): Den makedonischen Parteigängern wurde die Rückkehr aus dem Exil verboten und der prorömischen Gruppe auf zehn Jahre die alleinige Verwaltung der Stadt übertragen. Die Römerfreunde durften zu ihrem eigenen Schutz die Burg befestigen, mußten aber die Stadt unbefestigt lassen. Ähnliche Bestimmungen wurden wahrscheinlich für Koroneia und Abdera erlassen (s. oben S. 27). *Hans-Joachim Gehrke*[365]) stilisierte diese zeitlich begrenzte Ausnahmeregelung zu einem typischen römischen Herrschaftsmittel über die Poleis schlechthin, das „die Tendenz zur Herrschaft einzelner interner Gruppen und Cliquen ... geradezu zementiert" habe. *Jean-Louis Ferrary*[366]) hat jedoch verdeutlicht, daß es sich ebenso wie bei der Ausschaltung der echten oder vermeintlichen Romgegner in der griechischen Oberschicht durch die Deportationen nach Italien um eine lediglich temporäre Kurskorrektur der römischen Politik handelte, die spätestens 146 v. Chr. wieder rückgängig gemacht worden sei. Unter den nach 168 v. Chr. begünstigten Romfreunden seien sogar etliche Politiker gewesen, die mit Hilfe der Volksversammlung in ihren Städten eine herausgehobene, beinahe diktatorische Machtstellung eingenommen hätten.[367]) Rom sei also von seiner Politik der Favorisierung einer Oligarchie der Reichen zeitweilig abgerückt. *Erich Gruen*[368]) hob hervor, daß bei der gewaltsamen Ausschaltung der (vermeintlichen) Romgegner die griechischen Parteigänger der Römer als Anstifter und Denunzianten eine führende Rolle gespielt hätten. Dennoch sei es ihnen in der Folgezeit keineswegs überall gelungen, das Heft in der Hand zu behalten.

Daß es sich beim Achaiischen Krieg nicht um die Niederschlagung einer sozialrevolutionären Bewegung durch die Römer gehandelt hat, wie die ältere Forschung annahm, hat *Alexander Fuks*[369]) zu zeigen versucht. Trotz des bezeugten großen Engagements der unteren sozialen Schichten sei der Krieg auch von der achaiischen Oberschicht getragen worden und „foremost a national struggle for independence" gewesen. Desgleichen konstatierte *Erich Gruen*[370]): „Class distinctions are irrelevant for understanding the origins of the Achaean war". Dagegen sah *Jürgen Deininger*[371]) in diesem Krieg den Beginn

---

[365]) *Gehrke*, Thisbe in Boiotien, 145–154.
[366]) *Ferrary*, Philhellénisme, 345–348.
[367]) Vgl. *Derow*, Rome, the Fall of Macedon, 320.
[368]) *Gruen*, The Hellenistic World, Vol. 2, 514–520; vgl. *Funke/Gehrke/Kolonas*, Ein neues Proxeniedekret, 131–144, bes. 138f.
[369]) *Fuks*, The *Bellum Achaicum*, 78–89.
[370]) *Gruen*, The Origins, 67.
[371]) *Deininger*, Widerstand, 215–241.

jener Phase des antirömischen Widerstandes in Griechenland, der ausschließlich von den unteren sozialen Schichten ausgegangen sei, und *Geoffrey de Sainte Croix*[372]) interpretierte ihn als Teil des „Klassenkampfes" von unten. *Rainer Bernhardt*[373]) nahm eine mittlere Position ein: Nur eine Minderheit aus der Oberschicht habe im Bund mit den unteren Schichten gegenüber Rom eine unnachgiebige Politik verfolgt und jeden Versuch der Verkleinerung des Achaiischen Bundes abgewehrt. Die Mehrheit der Oberschicht habe diese Haltung zwar grundsätzlich geteilt, aber das Risiko eines Krieges gescheut. Nachdem der Krieg ausgebrochen war, habe sie sich jedoch loyal verhalten. *Harald Nottmeyer*[374]) sieht in dem ausdrücklichen Hinweis des Polybios auf die Handwerker und Arbeiter als Hort des Widerstandes gegen die römischen Forderungen eine Verzerrung in apologetischer Absicht und glaubt, daß auch die Mehrheit der führenden Schicht der Achaier diese Politik befürwortet habe.

Bezüglich Kleinasiens hat die Forschung bis zum Ende der sechziger Jahre das Testament, mit dem Attalos III. sein Reich den Römern vermachte, und den Aristonikoskrieg mit einem sozialen Desintegrationsprozeß im Attalidenreich in Verbindung bringen wollen. Die Oberschicht des Königreiches habe angesichts wachsender sozialer Spannungen in der Übernahme der Herrschaft durch die Römer den einzigen Ausweg zur Rettung ihrer Position gesehen. Aristonikos sei der Führer der unteren sozialen Schichten und der Sklaven gewesen. In den siebziger Jahren brach sich dann die Erkenntnis Bahn, daß Aristonikos zu Beginn des Krieges durchaus von den ehemals königlichen Funktionären und vom Heer als Thronprätendent akzeptiert wurde und erst im letzten Stadium seine Anhängerschaft notgedrungen auf die unteren sozialen Schichten und Sklaven ausdehnte. Weniger Resonanz habe er allerdings in den Städten gefunden, die durch das königliche Testament z.T. mit Privilegien bedacht worden seien oder unter römischer Herrschaft zumindest mehr innenpolitischen Freiraum als unter dem straffen königlichen Regiment zu erwarten gehabt hätten. Ebenso hätten sich die meisten unabhängigen Städte an der kleinasiatischen Küste, die von Aristonikos angegriffen wurden, obwohl sie nicht zum pergamenischen Reich gehört hatten, zur Wehr gesetzt und auf römischer Seite am Krieg teilgenommen.[375])

Nach der Einrichtung der römischen Provinzen verringerte sich selbstverständlich der außen- und innenpolitische Spielraum derjenigen Städte, die vorher unabhängig gewesen waren. Hat dieser veränderte Zustand bewirkt, die griechische Oberschicht endgültig an die Seite der Römer zu führen, wie es bis

---

[372]) *de Sainte Croix*, The Class Struggle, 524.
[373]) *Bernhardt*, Polis, 16–28.
[374]) *Nottmeyer*, Polybios und das Ende des Achaierbundes, 144–146.
[375]) Übersicht über die Literatur bei *Bernhardt*, Polis, 28–33; *Kallet-Marx*, Hegemony, 99f.; zum Testament: *Bernhardt*, Polis, 285–294; *Sherwin-White*, Roman Foreign Policy, 80–92; *Mileta*, Der Aristonikosaufstand, 119–123; *Rigsby*, Provincia Asia, 123–153.

zur Mitte der achtziger Jahre nahezu die einhellige Auffassung der Forschung war? *Rainer Bernhardt*[376]) kritisierte, daß die Forschung ihr Augenmerk allzu einseitig auf die gemeinsamen bzw. mutmaßlich gemeinsamen Interessen zwischen der griechischen und römischen Oberschicht gelenkt habe. Er wies darauf hin, daß die griechische Oberschicht unter römischer Herrschaft nicht selten empfindlich zu leiden hatte und mannigfaltigen Übergriffen römischer Aristokraten (mit und ohne amtliche Funktion) und *publicani* ausgesetzt war.[377]) Das Ausmaß der gemeinsamen Interessen sei begrenzt gewesen und habe den gravierenden Unterschied zwischen der herrschenden römischen Nobilität und der beherrschten griechischen Oberschicht nicht aufgehoben.[378]) Außerdem habe die römische Republik – anders als vorher hellenistische Könige und später die römischen Kaiser – den griechischen Aristokraten keine politischen Karrieremöglichkeiten im Reichsdienst geboten (abgesehen von den wenigen Fällen in der ausgehenden Republik, in denen einzelne aus der griechischen Oberschicht zu Klientelkönigen aufstiegen). Auch sei die Stellung der griechischen Oberschicht insgesamt trotz mancher sozialer Spannungen in den Städten nie ernstlich bedroht worden; die Oligarchie der Reichen sei kein römisches Marionettenregime gewesen und habe im großen und ganzen römischer Rückendeckung nicht bedurft, um sich an der Macht zu halten.

Seit sullanischer Zeit belohnten die Römer einzelne Vertreter der griechischen Oberschicht, die sich um die römische Sache herausragende militärische Verdienste erworben hatten, mit neuartigen Privilegien. Diese beinhalteten im günstigsten Fall für den Ausgezeichneten, seine Familie und Nachkommen die Befreiung von Steuerzahlungen und Liturgien sowohl gegenüber Rom als gegenüber der Stadt, von allen Beiträgen zur Abzahlung von Schulden ihrer Stadt, von der Verpflichtung zum Militärdienst und zur Quartiergewährung für römische Beamte und Soldaten. Hinzu kam – wenigstens was Streitfälle bezüglich ihrer Privilegien betraf – die Wahlfreiheit zwischen der Gerichtsbarkeit ihrer eigenen Stadt, einer *civitas libera* und der römischen, ferner das Recht auf Gehör im Senat in persönlichen Angelegenheiten. Eine solche Privilegierung wurde mit der förmlichen Verleihung der *amicitia populi Romani* verbunden, seit der ausgehenen Republik auch mit dem römischen Bürgerrecht, nachdem die Regel von der Inkompatibilität des römischen mit einem peregrinen Bürgerrecht nicht mehr beachtet wurde (s. unten). *Werner Dahlheim*[379]) nahm, wie andere vor ihm, an, daß alle mit dem Bürgerrecht ausgezeichneten Griechen in den Genuß dieser Privilegien kamen, und sah eine neue gesellschaftliche Klasse entstehen, die sich von der Polis gelöst habe. Die Römer hätten diese Politik der Privilegierung bewußt mit dem Ziel betrieben, die Zahl ihrer Anhänger in den Pro-

---

[376]) *Bernhardt*, Polis, 261 f.; vgl. 272.
[377]) Vgl. *Sherwin-White*, Roman Foreign Policy, 255.
[378]) Zustimmend *Ferrary*, Philhellénisme, 216 Anm. 21.
[379]) *Dahlheim*, Gewalt und Herrschaft, 303–321.

vinzen zu vergrößern. Schon in der ausgehenden Republik habe es so viele privilegierte Griechen gegeben, daß die städtische Sozialstruktur gefährdet gewesen sei. Dagegen vertraten *A. J. Marshall*[380]) und *Rainer Bernhardt*[381]) die Meinung, daß die Verleihung des römischen Bürgerrechts an Peregrine nicht ohne weiteres mit der Befreiung von städtischen Lasten verbunden gewesen und die Zahl der im oben beschriebenen Sinn Hochprivilegierten relativ klein geblieben sei. *Bernhardt* vermutete, daß die Hochprivilegierten in ihren Städten sogar freiwillig Liturgien übernommen hätten, um in städtische Ämter gewählt zu werden. Die Attraktivität des römischen Bürgerrechts habe nicht zuletzt in der weitgehenden Exemtion von der Gerichtsbarkeit der römischen Statthalter bestanden.

Auch die These von der angeblich permanenten Romfeindlichkeit der unteren sozialen Schichten unter römischer Herrschaft beruht, wie *Rainer Bernhardt*[382]) nachzuweisen versuchte, auf Quellen von zweifelhaftem Aussagewert. Das gilt vor allem für Ciceros Rede pro Flacco, in der der Anwalt die für seinen Mandanten ungünstigen Volksbeschlüsse in kleinasiatischen Städten abwertet, indem er sie als Ausdruck des Römerhasses der unteren sozialen Schichten hinstellt und die Mitwirkung von Vertretern der Oberschicht kaschiert. Allgemein stellt sich hier das Problem, daß wir keine direkten Aussagen der unteren sozialen Schichten haben, sondern darauf angewiesen sind, aus ihren Aktionen Rückschlüsse zu ziehen, sofern diese nicht in verzerrter Form wiedergegeben werden. *Bernhardt*[383]) plädierte dafür, den unteren sozialen Schichten nicht ausschließlich soziale Forderungen zuzuschreiben, wie es unter dem Einfluß der Sozialgeschichte weitgehend geschehen ist, sondern auch sie als Träger des Polisbewußtseins zu verstehen. Trotz der unbestreitbaren, wenn auch in den einzelnen Städten und Regionen unterschiedlichen sozialen Spannungen sei die Polis nicht in eine prorömische Oberschicht und die antirömischen unteren sozialen Schichten gespalten worden, sondern alle sozialen Schichten der Bürgerschaft hätten sich in erster Linie ihrer Polis verbunden gefühlt.

Wie schon der Fall Dyme (s. unten S. 51) zeigt, griffen die römischen Statthalter in die Selbstverwaltung der Städte ein, wenn Ruhe und Ordnung gefährdet waren. Somit war die gewaltsame Austragung politischer Rivalitäten und sozialer Konflikte, die noch in der ersten Hälfte des 2. Jahrhunderts v. Chr. in einigen griechischen Staaten zeitweise chaotische Formen angenommen hatte, nach der Einrichtung der römischen Provinzen kaum noch möglich. Gleichwohl bestand die Disposition zu solchen scharfen inneren Auseinandersetzungen fort und führte nicht selten dazu, daß der römische Senat oder der jeweilige Provinzstatthalter von den Städten um Einmischung und Vermittlung gebeten

---

380) *Marshall*, Friends, 47, 51 f.
381) *Bernhardt*, Polis, 248–252; unentschieden *Freber*, Der hellenistische Osten, 109–111.
382) *Bernhardt*, Polis, 254–261.
383) Ebd. 275 f.; vgl. 132.

wurde, wie denn die Griechen schon vor Beginn der direkten römischen Herrschaft den Senat nur allzuoft mit ihren internen Schwierigkeiten belästigt hatten. Während die römischen Gesandtschaften in den Osten in der ersten Hälfte des 2. Jahrhunderts die Forschung schon immer intensiv beschäftigt haben, bemühte sich *Rainer Bernhardt*[384]) zum ersten Mal um eine systematische Auswertung der nur sporadisch überlieferten römischen Eingriffe in die inneren städtischen Angelegenheiten in den Provinzen. Trotz der dürftigen Überlieferungslage läßt sich erkennen, daß griechische Politiker ihre Beziehungen zu römischen Amtsinhabern, Machthabern und *patroni* in vielfältiger Weise zu nutzen suchten: um sich mittels Bestechung korrupter Statthalter illegale Vorteile bei der Verfolgung ihrer politischen Karriere in ihrer Stadt zu verschaffen, Privilegien für ihre Stadt auszuhandeln und damit gleichzeitig eine herausgehobene innenpolitische Stellung zu erringen, sich im Extremfall – unter dem Regime des Brutus und Cassius und später des Marcus Antonius im Osten – sogar die Tyrannis zu erkaufen, korrupte Praktiken ihrer politischen Gegner bei der römischen Obrigkeit anzuzeigen[385]) oder römische Unterstützung für die Rückkehr aus der Verbannung zu gewinnen. Nicht selten baten auch die Stadtregierungen den römischen Senat oder römische Statthalter um Hilfe bei inneren Problemen, die von der Gestaltung der städtischen Verfassung bis zur städtischen Haushaltsführung, Steuererhebung oder Maßnahmen gegen Getreidespekulanten reichen konnten. Andererseits wandten sich die Städte mit ihren inneren Konflikten nicht immer an die Römer, sondern bedienten sich weiterhin der Schlichtung durch auswärtige griechische Schiedsrichter, wie in vorrömischer Zeit.[386]) Und bei römischen Übergriffen, besonders der Verletzung der Asylie, regte sich in den Städten spontaner Widerstand, der von allen sozialen Schichten ausging.[387]) *Bernhardt* kam zu dem Ergebnis, daß nicht nur die Römer stärker in die inneren städtischen Angelegenheiten eingriffen, sondern auch die Griechen die römische administrative Präsenz öfter für ihre Zwecke in Anspruch nahmen. Doch habe sich das Wesen der Polis dadurch nicht grundsätzlich geändert.

Einen wirtschaftsgeschichtlichen Ansatz brachte *Susan Alcock*[388]) in die Diskussion. Mit Hilfe des „surface survey" glaubte sie in Griechenland seit der zweiten Hälfte des 3. Jahrhunderts v. Chr. eine Tendenz zur Konzentrierung des Landbesitzes in wenigen Händen feststellen zu können. Sie schloß daraus, daß die Einwirkung hellenistischer Könige und vor allem diejenige Roms „disrup-

---

[384]) Ebd. 236–242, 267–276.
[385]) Der sogenannte „Skandal von 125" (*Georges Daux*) in Delphi wird jetzt ins Jahr 117 v. Chr. datiert (*Habicht*, Athen, 279 Anm. 46).
[386]) *Bernhardt*, Polis, 240; Athen und Rhodos bedienten sich dieses Mittels nie (*Habicht*, Athen, 15).
[387]) *Bernhardt*, Polis, 240f., 275f.
[388]) *Alcock*, Graecia Capta, 48, 56, 58, 72, 91f., 218.

tion – perhaps redistribution? – of economic resources" zur Folge gehabt habe. Ähnlich wie *Gauthier* setzte sie die entscheidende Zäsur im 3./2. Jahrhundert v. Chr. an: Die klassische und frühhellenistische Zeit gehörten wirtschaftsgeschichtlich zusammen, während zwischen ca. 200 v. Chr. und dem Beginn der Spätantike kaum Veränderungen feststellbar seien. Doch ist hier zu Recht der Einwand gemacht worden, daß sich der römische Einfluß in siedlungsgeschichtlicher Hinsicht erst nach dem Beginn der direkten römischen Herrschaft geltend gemacht haben kann und daß die Autorin die Aussagefähigkeit ihrer Methode wohl etwas überschätzt.[389]

7. Die römische Provinzialverwaltung im Osten und die Politik der griechischen Städte im Rahmen des römischen Herrschaftssystems

Über die römische Provinzialverwaltung sind in jüngerer Zeit – neben zahlreichen Forschungen zu Einzelproblemen – folgende Abhandlungen erschienen: Die an der Theorie *Max Webers* orientierte soziologische Analyse von *Werner Dahlheim*[390], die ausführliche, auch die Kaiserzeit umfassende, aber noch völlig auf der älteren Forschung basierende Darstellung von *Giuseppe Luzzato*[391], der kurzgefaßte, der traditionellen Faktenforschung verpflichtete Überblick über die innere Organisation des *imperium Romanum* in Republik und Kaiserzeit von *Andrew Lintott*[392], der schematische Abriß von *John Richardson*[393] und die detaillierte Studie über die erste Phase der römischen Provinzialherrschaft im Osten von *Robert Kallet-Marx*[394]. Daneben behandelten *Ernst Meyer*[395], *Francesco De Martino*[396] und *Jochen Bleicken*[397] die Provinzialverwaltung als Teil der römischen Verfassungsgeschichte. Diese römische Perspektive wurde von *Bettie Forte*[398], *Rainer Bernhardt*[399], *Friedemann Quaß*[400] und zum Teil auch von *Adrian Sherwin-White*[401] durch die griechische ergänzt, wobei *Bernhardt* und *Quaß* besonders die Stellung der Polis unter römischer Herrschaft herauszuarbeiten suchten.

---

[389] *Deininger*, Rez. zu *Alcock, Graecia Capta*, 179–181.
[390] *Dahlheim*, Gewalt und Herrschaft; vgl. jetzt *Raimund Schulz*, Herrschaft und Regierung.
[391] *Luzzato*, Roma e le provincie.
[392] *Lintott, Imperium Romanum*.
[393] *Richardson*, The Administration of the Empire; vgl. *Crawford*, Origini e sviluppi.
[394] *Kallet-Marx*, Hegemony to Empire.
[395] *Meyer*, Römischer Staat, 230–236.
[396] *De Martino*, Storia della costituzione romana, Vol. 2, 315–330; Vol. 3, 382–401.
[397] *Bleicken*, Die Verfassung der römischen Republik, 211–216.
[398] *Forte*, Rome and the Romans.
[399] *Bernhardt*, Polis.
[400] *Quaß*, Die Honoratiorenschicht.
[401] *Sherwin-White*, Roman Foreign Policy, 235–261.

Daß die direkte römische Herrschaft über den östlichen Mittelmeerraum nicht das Ergebnis einer zielstrebigen und kontinuierlichen Expansion war, sondern sich in verschiedenen Phasen vollzog und von unterschiedlichen Impulsen vorangetrieben wurde, hat noch einmal *Werner Dahlheim* dargelegt. Er versteht die Provinzialisierung Makedoniens und die Neuordnung Griechenlands als Folge des Zusammenbruchs der vorherigen völkerrechtlich konzipierten römischen Herrschaftsordnung im Osten, die Übernahme der direkten Herrschaft durch Rom im ehemals pergamenischen Reich und Bithynien als letzte Möglichkeit zur Verhinderung einer permanenten Anarchie in dieser Region, die Ausdehnung der römischen Herrschaft auf Kilikien, die Kyrenaika und Kreta als Konsequenz des ungelösten Seeräuberproblems[402], die Einbeziehung von Pontos und Syrien in das römische Reich durch Pompeius als notwendige Reaktion auf die Auseinandersetzung mit Mithridates VI. und die Annexion Zyperns als eine Nebenerscheinung des innenpolitischen Machtkampfes während der Krise der ausgehenden Republik. Nach *Adrian Sherwin-White*[403] akzeptierte der römische Senat das pergamenische Erbe, „because there was no clear alternative", bis der Aufstand des Aristonikos die Einrichtung der Provinz ohnehin unvermeidlich gemacht habe. *Rainer Bernhardt*[404] vermutete hinter der Annahme des Erbes eher den Einfluß des Ti. Gracchus. Unterschiedliche Auffassungen bestehen nach wie vor über die Ausdehnung der Provinz Asia: Gegen die weitverbreitete Ansicht[405], daß Karien – ausgenommen die freien Städte – schon 129 in die Provinz eingegliedert worden sei, glauben *Joyce Reynolds*[406], *Adrian Sherwin-White*[407], *Christian Marek*[408] und *Robert Kallet-Marx*[409], dies sei erst im Rahmen der Maßnahmen Sullas geschehen. In der Ordnung des Pompeius im Osten will *Sherwin-White*[410] dessen „notion of imperialism" erkennen, weil er in auffälliger Weise alle defensiven strategischen Gesichtspunkte unberücksichtigt gelassen habe.

Rainer Bernhardt[411] machte auf das unterschiedliche Verhalten der griechischen Städte in den einzelnen Regionen angesichts der Errichtung der direkten römischen Herrschaft aufmerksam: Während die Städte des Achaiischen Bundes und auf Kreta sich massiv zur Wehr setzten und die römische Einmischung

---

[402] Dazu *Pohl*, Die römische Politik; *Kallet-Marx*, Hegemony, 364–368, bringt die Annexion der Kyrenaika 75 v. Chr. mit der damaligen Getreideknappheit in Rom in Verbindung; vgl. *Brandt*, Gesellschaft, 94–168.
[403] *Sherwin-White*, Roman Foreign Policy, 84.
[404] *Bernhardt*, Polis, 285–294.
[405] Literatur ebd. 159.
[406] *Reynolds*, Aphrodisias and Rome, 2f.
[407] *Sherwin-White*, Roman Foreign Policy, 89f.
[408] *Marek*, Karien, 285–308.
[409] *Kallet-Marx*, Hegemony, 113.
[410] *Sherwin-White*, Roman Foreign Policy, 226.
[411] *Bernhardt*, Polis, 16–108.

in, wie sie es empfanden, ihre Angelegenheiten ablehnten, kämpften im Aristonikoskrieg[412]) viele Städte Kleinasiens auf römischer Seite.[413]) In Syrien setzten sie den Römern wenigstens keinen Widerstand entgegen, und es sei anzunehmen, daß zumindest die von den Juden bedrängten Städte Südsyriens die römische Herrschaft und besonders die städtefreundliche Ordnung des Pompeius als Garantie von Frieden und Sicherheit begrüßten.

Charakteristisch für die römische Provinzialherrschaft war, daß sie mit einem möglichst geringen Einsatz militärischer und administrativer Mittel auszukommen suchte. Deshalb war sie auf eine funktionsfähige Selbstverwaltung der Untertanen, insbesondere der Städte, dringend angewiesen. Eine mittlere Verwaltungsebene, wie sie z.B. im Attalidenreich in der Form von Verwaltungsdistrikten bestanden hatte[414]), fehlte. Daß dieser Zustand nicht auf Nachlässigkeit seitens der Römer beruhte, sondern im Wesen der Republik strukturell begründet lag, hat *Werner Dahlheim*[415]) noch einmal herausgestellt. Regionen, in denen eine administrative Infrastruktur der Untertanen nicht in hinreichendem Maß vorhanden war, wurden in der Regel Vasallenfürsten überlassen. Erst Pompeius und die in seinem Sinn wirkenden Statthalter haben das griechische Städtewesen in Kleinasien und Syrien systematisch gefördert und die städtische Selbstverwaltung als Basis für die römische Provinzialverwaltung in etlichen Gebieten, in denen sie nicht vorhanden war, zu schaffen versucht. Einen anderen Kurs steuerte Marcus Antonius: Er gründete seine Herrschaft über den Osten eher auf Vasallenfürsten und sogar in etlichen Städten auf lokale Dynasten.[416]) In dem durch den Ersten Mithridatischen Krieg und die römischen Bürgerkriege geschädigten Griechenland begann die Förderung des griechischen Städtewesens erst unter Augustus. Eine Ausnahme machte das wirtschaftlich bedeutende und auch von vielen römischen Kaufleuten bewohnte Delos, dem 58 v.Chr. bisher nicht näher bestimmbare einst von Sulla auferlegte *vectigalia* erlassen wurden, wie wir aus einer von *Claude Nicolet* u.a. neu herausgegebenen und kommentierten Inschrift erfahren.[417]) Aus Inschriften wissen wir auch, daß die römische Provinzialverwaltung in Asia sich weitgehend nach früheren attalidischen Regelungen ausrichtete und daß es den Statthaltern verboten war, diese zu ändern.[418])

---

412) Vgl. dazu *Robert/Robert*, Claros I, 29–35.
413) Vgl. *Malay/Petzl*, Ehrenbeschlüsse, 157–165.
414) Vgl. *Mileta*, Zur Vorgeschichte, 428 f., 443.
415) *Dahlheim*, Gewalt und Herrschaft, 278 f.
416) Ebd. 277–282; *Bernhardt*, Polis, 159–161; *Sherwin-White*, Roman Foreign Policy, 257–261.
417) *Nicolet*, Insula sacra; vgl. *Lintott*, Imperium Romanum, 75; *Habicht*, Athen, 311, 338 f.
418) OGI 435; IGR IV 301; *Sherk*, Roman Documents, Nr. 11; Lit. bei *Bernhardt*, Polis, 291 Anm. 927; *Engelmann/Knibbe*, Das Zollgesetz; *Rigsby*, Provincia Asia, 137–141, glaubt, daß der Statthaltersitz gleich bei der Gründung der Provinz nicht in Pergamon, sondern in Ephesos eingerichtet wurde.

Ähnliches dürfte für andere Provinzen gegolten haben. Im übrigen war die römische Provinzialverwaltung in der Praxis durch eine beinahe unbeschränkte Machtfülle der Statthalter gekennzeichnet, wie *Andrew Lintott*[419]) hervorhob. Die Bedeutung der *leges provinciae* stuft er relativ gering ein.[420]) *Dahlheim*[421]) wies darauf hin, daß die mangelnde Kontrolle der Statthalter durch andere Beamte und den Senat nicht nur häufig dazu führte, daß die Statthalter ihr Amt zur privaten Bereicherung und Stillung ihres politischen Ehrgeizes mißbrauchten, sondern auch der inneren Ordnung der Republik widersprach und die Homogenität der römischen Aristokratie bedrohte. Um eine neue Sicht der römischen Provinzialherrschaft bemühte sich *Robert Kallet-Marx*. Er versteht die Einrichtung römischer Provinzen zwischen 148 und 129 v.Chr. nicht als den Beginn der Provinzialverwaltung, sondern lediglich als Fortsetzung der 168/67 v.Chr. vollendeten römischen Suprematie über den Osten (s. oben S. 27f.). Die *provinciae* seien keine fest abgegrenzten Verwaltungsbezirke gewesen, sondern nichts weiter als permanente militärische Kommandos, welche die römische Suprematie nach den Erfahrungen des von Thrakern geschürten Andriskoskrieges und der Usurpation des Aristonikos an Ort und Stelle sichern sollten. Der 146 besiegte Teil Griechenlands habe keinen wie immer gearteten Provinzialstatus erhalten und sei bis zum Ende des Ersten Mithridatischen Krieges nicht tributpflichtig gewesen; noch habe der Statthalter von Macedonia dort eine Polizeigewalt ausgeübt.[422]) Die 146 v.Chr. während des Krieges auseinandergefallenen κοινά seien nicht, wie es *Thomas Schwertfeger*[423]) für das Achaiische κοινόν annahm, von den Römern gleich nach dem Krieg wieder konstituiert worden, sondern hätten sich ohne römisches Zutun, aber mit römischer Erlaubnis in der zweiten Hälfte des 2. Jahrhunderts von selbst neu gebildet.[424]) Der größte Teil der Provinz Asia habe bis zur sullanischen Ordnung aus freien Städten bestanden, die nicht tributpflichtig gewesen seien.[425]) Erst als Reaktion auf den Zusammenbruch ihrer Herrschaft im Ersten Mithridatischen Krieg hätten die Römer ihre militärische Präsenz verstärkt, eine Provinzialverwaltung in größerem Umfang geschaffen, die meisten Städte tributpflichtig gemacht und die Provinzialen als Objekte wirtschaftlicher Ausbeutung begriffen. Deshalb

---

[419]) *Lintott, Imperium Romanum*, 43–69.
[420]) Ebd. 28f.; ebenso *Kallet-Marx*, Hegemony, 18f., 115, 126f.
[421]) *Dahlheim*, Gewalt und Herrschaft, 286–294.
[422]) *Kallet-Marx*, Hegemony, 11–56, 72f., 83f., 338f.; *Kallet-Marx*, ebd. 349–352, hält die Inschrift IG VII 2413 (*Sherk*, Roman Documents, Nr. 44), auf die sich die These vom Provinzialstatus des 146 v.Chr. besiegten Teils Griechenlands hauptsächlich stützt, für zu fragmentarisch und die Ergänzungen (dazu jetzt *Bertrand*, Langue grecque, 167–175) für zu spekulativ, als daß sich daraus Schlüsse über die juristische Stellung Griechenlands ziehen ließen.
[423]) *Schwertfeger*, Der Achaiische Bund.
[424]) *Kallet-Marx*, Hegemony, 76–122; Auseinandersetzung mit *Schwertfeger*: 78f.; 81 Anm. 99, 352f.
[425]) Ebd. 111f.

seien die entscheidenden Zäsuren der römischen Suprematie bzw. Herrschaft im Osten nicht 148, 146 und 129, sondern 168/67 und 85 v. Chr. sowie die Annexionen des Pompeius.[426] Vor der Neuordnung der Provinzialverwaltung durch Sulla hätten sich die Statthalter trotz ihrer beinahe unbeschränkten Kompetenzen kaum in die inneren Verhältnisse der Städte eingemischt. Die Thesen von *Kallet-Marx* beruhen freilich auf einer sehr dürftigen Quellenlage, weil wir erst für die Zeit Ciceros ausführlicher unterrichtet sind, doch dürfe man den Zustand dieser späten Phase, so lautet sein methodischer Ansatz, nicht auf den Anfang der römischen Provinzialherrschaft zurückprojizieren, wie es die Forschung bisher getan habe.

Neben den militärischen Aufgaben war bekanntlich die Rechtsprechung der wichtigste Tätigkeitsbereich der Statthalter.[427] Mit diesem hat sich ausführlicher *Andrew Lintott*[428] beschäftigt, während *Rainer Bernhardt*[429] sich der Gerichtsbarkeit der Städte widmete und *Robert Kallet-Marx*[430] dem Verhältnis zwischen Statthaltern und Städten. Anhand der *lex Rupilia* auf Sizilien und des Edikts Scaevolas[431] in Asia vermutet *Lintott*, daß sich seit dem 2. Jahrhundert v. Chr. eine schärfere Abgrenzung zwischen der statthalterlichen und der städtischen Jurisdiktion herausgebildet habe. Gleichzeitig hält er Mischverfahren für möglich, in denen der Statthalter bzw. sein Stellvertreter nur die *formula* abgefaßt und einheimische Richter nach lokalem Recht geurteilt hätten. *Lintott*[432] versteht – mit einiger Vorsicht – Ciceros Edikt in Cilicia in diesem Sinn, während *Bernhardt*[433] eher eine Erweiterung der städtischen Gerichtsbarkeit ohne statthalterliche Mitwirkung annimmt. *Kallet-Marx*[434] vermutet eine weitgehende Beschränkung der Gerichtsbarkeit des Statthalters auf römische Bürger. Bei der inschriftlich überlieferten augusteischen Gerichtsordnung in der Kyrenaika schließt sich *Lintott*[435] denjenigen Gelehrten an, die glauben, daß in voraugusteischer Zeit sogar die meisten Prozesse zwischen Griechen aus ein und derselben Stadt vor einem römischen Gericht nach römischem Recht verhandelt worden seien. Dagegen hält *Bernhardt*[436] die Interpretation *Anton von Premersteins* u. a. für einleuchtender, gemäß der sich die überlieferte Gerichtsordnung nur auf Prozessierende aus verschiedenen Städten bezieht und

---

[426] Ebd. 7, 59–65, 95 f., 118–122, 137, 264–273, 279, 291–311, 332–334, 341.
[427] Vgl. *Dahlheim*, Gewalt und Herrschaft, 65.
[428] *Lintott*, Imperium Romanum, 54–69.
[429] *Bernhardt*, Polis, 227–236.
[430] *Kallet-Marx*, Hegemony, 126–138, 279–282.
[431] Ob die Vermittlung im Streit zwischen Sardeis und Ephesos dem Statthalter Scaevola zuzuschreiben ist, kann nicht mehr als sicher gelten (*Rigsby*, Provincia Asia, 141–149); zur Datierung der Statthalterschaft Scaevolas *Kallet-Marx*, Asconius, 305–312.
[432] *Lintott*, Imperium Romanum, 61; vgl. *Sherwin-White*, Roman Foreign Policy, 239.
[433] *Bernhardt*, Polis, 232 f.
[434] *Kallet-Marx*, Hegemony, 126–138, 279–282.
[435] *Lintott*, Imperium Romanum, 64 f.
[436] *Bernhardt*, Polis, 229–234.

bei Prozessen zwischen Griechen aus ein und derselben Stadt stillschweigend die Zuständigkeit der städtischen Gerichtsbarkeit vorausgesetzt wird. Bezüglich der Freistädte erweiterten zwei von *Louis* und *Jeanne Robert*[437]) 1989 publizierte Inschriften aus Kolophon unsere Kenntnisse. *Jean-Louis Ferrary*[438]) interpretiert sie in dem Sinn, daß die *civitas libera* der statthalterlichen Jurisdiktion generell nicht unterstand und vom Senat sogar die ausdrückliche Erlaubnis erhielt, gegen ortsansässige römische Bürger Kapitalprozesse vor einem städtischen Gericht nach städtischem Recht führen zu lassen. Ein derartig großer Kompetenzbereich müßte dann potentiell für die Jurisdiktion aller privilegierten Städte gegolten haben und somit auch die inschriftlich überlieferte, in ihrem Verständnis umstrittene Unterstellung römischer Bürger unter die Gesetze der Freistadt Chios[439]) in dieser Weise zu erklären sein. Daß Rom den privilegierten Städten die Kapitalgerichtsbarkeit über römische Bürger ohne irgendwelche Restriktionen überlassen haben sollte, ist freilich kaum glaubhaft.[440]) Zumindest scheinen sich die Konsuln die Überprüfung solcher Urteile in Rom und, falls sie das Urteil als ungerecht ansahen, die Verhängung von Strafmaßnahmen gegen die betreffende gesamte Stadt vorbehalten zu haben. Ein klares Bild von den komplizierten rechtlichen Beziehungen zwischen der römischen Zentralregierung, den Statthaltern, den Römern in den Provinzen und den Bürgern von privilegierten und nicht-privilegierten Städten ist noch nicht gewonnen worden, zumal die Gerichtsbarkeit offensichtlich in den einzelnen Provinzen und wahrscheinlich auch von den einzelnen Statthaltern unterschiedlich gehandhabt wurde.

Zu gesicherteren Ergebnissen ist die Forschung über die Gerichtsbezirke in Asia gelangt. Galten sie bisher meistens als eine römische Schöpfung, so kamen *Walter Ameling*[441]), ausgehend von der späteren Konventsordnung der Provinz, und *Christian Mileta*[442]) von Untersuchungen über die attalidische Verwaltung her zu dem Schluß, daß sie sich weitgehend an der Verwaltungseinteilung des Attalidenreiches orientierten. *Mileta* vermutet, daß die Rundreise des Statthalters durch die Konventsorte nicht nur der Rechtsprechung, sondern auch zu seiner allgemeinen Information über die Lage in den einzelnen Regionen der Provinz gedient habe. Für die Städte hatte die Ernennung zum Konventsort sowohl politische als auch wirtschaftliche Bedeutung und war deshalb begehrt.[443]) *Robert Kallet-Marx*[444]) glaubt, daß sich das System der Konventsorte erst schritt-

---

[437]) *Robert*, Claros I.
[438]) *Ferrary*, Le statut des cités libres, 557–577, bes. 566–577.
[439]) Dazu *Bernhardt*, Polis, 235; *Ferrary*, Le statut des cités libres, 574 ; *Kallet-Marx*, Asconius, 270 f.
[440]) Vgl. den Einwand von *Pierre Grimal* bei *Ferrary*, Le statut des cités libres, 577.
[441]) *Ameling*, Drei Studien, 9–24.
[442]) *Mileta*, Zur Vorgeschichte, 427–444.
[443]) *Bernhardt*, Polis, 202 f.
[444]) *Kallet-Marx*, Hegemony, 116, 136

weise im späten 2. und frühen 1. Jahrhundert v. Chr. entwickelt habe, als die Zahl der römischen Bürger in den Provinzen zunahm.

Eine Übersicht über das Steuer- und Abgabensystem findet sich bei *Andrew Lintott*.[445]) Sie macht noch einmal deutlich, wie die Römer in den einzelnen Provinzen an die bereits vorhandenen regionalen Steuertraditionen angeknüpft haben, und daß auch das System der Steuereinziehung von Provinz zu Provinz erhebliche Unterschiede aufwies. Dementsprechend verschieden war auch die Funktion der *publicani*[446]), die ihre stärkste Bastion in Asia hatten, wo sie die *decuma* nicht über die Gemeinden, sondern direkt von den einzelnen Steuerzahlern einzogen. Auf die Erhebung der Zölle und andere Sektoren der römischen Verwaltung in der Provinz Asia hat ein 1989 von *Helmut Engelmann* und *Dieter Knibbe*[447]) veröffentlichter sensationeller Inschriftenfund aus Ephesos *(Monumentum Ephesenum)* neues Licht geworfen. Wir erfahren, daß die römische Verwaltung die Zollstationen des Attalidenreiches übernommen hat und in Asia schon Zölle erhoben wurden, bevor C. Gracchus die Steuerpacht der *publicani* einführte. *Andrew Lintott*[448]) vermutet sicher zu Recht, daß auch die *decuma* die Fortsetzung der direkten Steuer der Attaliden war. Ferner geht aus der Inschrift hervor, daß die Zolldistrikte offensichtlich als Grundlage für die Gerichtsbezirke dienten (s. oben). Die These der Herausgeber, daß aus der Inschrift (§ 31) zu folgern sei, Caesar habe die *publicani* – im Gegensatz zur allgemein verbreiteten Annahme – nicht von der Einziehung der direkten Steuern ausgeschlossen, wurde von *Claude Nicolet*[449]), *Philipp-Stephan Freber*[450]) und *Andrew Lintott*[451]) abgelehnt. Demnach blieb den *publicani* lediglich die Einziehung der Zölle vorbehalten. Die weitere bisherige wissenschaftliche Diskussion[452]) über das *Monumentum Ephesenum* geht über das hier zu behandelnde Thema hinaus und braucht an dieser Stelle nicht referiert zu werden. Bekanntlich reduzierte auch A. Gabinius während seiner Statthalterschaft in Syrien die Tätigkeit der *publicani*. *Andrew Lintott*[453]) rät jedoch zur Vorsicht, ihm die gleichen Maßnahmen zuzuschreiben wie Caesar in Asia, denn er vermutet, daß das Steuersystem des Pompeius in Syrien nicht das gleiche gewesen sei, sondern sich an seleukidischen Steuertraditionen orientiert habe. Deshalb seien die Maßnahmen des Gabinius nicht genau zu erfassen.

---

[445]) *Lintott, Imperium Romanum,* 70–80.
[446]) Dazu *Badian,* Publicans and Sinners.
[447]) *Engelmann/Knibbe,* Das Zollgesetz; SEG XXXIX, 1989, Nr. 1180; AnnEpigr 1989, Nr. 681.
[448]) *Lintott, Imperium Romanum,* 76 f.
[449]) *Nicolet,* Le *Monumentum Ephesenum* (dîmes), 465–480.
[450]) *Freber,* Der hellenistische Osten, 18 f.
[451]) *Lintott, Imperium Romanum,* 85.
[452]) Übersicht bei *Nicolet,* Le *Monumentum Ephesenum* (délimitation), 929 Anm. 1; *McGing,* Ephesian Costums Law, 283 Anm. 1.
[453]) *Lintott, Imperium Romanum,* 79 f.

Die Entwicklung der römischen Provinzialverwaltung und Reichspolitik wurde nicht allein von den Römern bestimmt, sondern auch die griechischen Städte hatten darauf einen nicht unbeträchtlichen Einfluß, wie *Rainer Bernhardt*[454]) zu zeigen versuchte. Hatten die Städte schon vor Beginn der direkten römischen Herrschaft den Senat unablässig mit ihren Angelegenheiten belästigt, so riß der Strom der griechischen Gesandtschaften nach Rom jetzt erst recht nicht ab. Lediglich die Art der Überlieferung ändert sich: Über die Zeit vor Beginn der römischen Provinzialherrschaft erfahren wir über diese Beziehungen hauptsächlich, wenn auch keineswegs ausschließlich, aus literarischen Quellen; danach sind Inschriften unsere wichtigsten Zeugnisse, deren Zahl laufend zunimmt.

Anlaß für viele Gesandtschaften waren Übergriffe römischer Beamter und *publicani*. Beschwerden dieser Art begannen möglicherweise schon unmittelbar nach der Konstituierung der Provinzen. Jedenfalls deutet *Claude Eilers*[455]) eine Inschrift aus der Freistadt Samos als Hinweis auf eine Repetundenklage wegen der Verletzung der Rechte des Heiligtums der Artemis Tauropolos und datiert sie in die Jahre zwischen 126 und 122 v. Chr. Er sieht in diesem Fall einen Beweis dafür, daß Repetundenprozesse in Rom nicht nur, wie manche meinten[456]), als Waffe rivalisierender römischer Aristokraten im politischen Kampf gegeneinander oder im Kampf zwischen Senatoren und Rittern dienten, sondern auch dem Schutz der Peregrinen. Andererseits hält *Rainer Bernhardt*[457]) das Zeugnis Ciceros für glaubwürdig, daß sich griechische Städte nicht selten an der Pervertierung von Repetundenprozessen zu politischen Kampfinstrumenten mittels Ablegung falscher Zeugnisse für oder gegen einen Angeklagten durchaus beteiligten, je nachdem, wie es den politischen Interessen ihres römischen *patronus* diente. Die Samos-Inschrift und die beiden Inschriften aus Kolophon (s. unten S. 67) sind weitere Belege dafür, daß sich auch privilegierte Städte gegen Übergriffe und Schmälerung ihrer Rechte zur Wehr setzen mußten[458]), und zwar schon im frühen Stadium der römischen Provinzialherrschaft.

Genese und Entwicklung der Repetundenverfahren hat noch einmal *Andrew Lintott*[459]) dargestellt und sich gegen die Auffassung von *John Richardson*[460])

---

[454]) *Bernhardt*, Polis; vgl. *Virgilio*, Gli Attalidi di Pergamo, 67–126, und ders., La città ellenistica, 299–314.
[455]) *Eilers*, Cn. Domitius and Samos, 167–178; ablehnend *Kallet-Marx*, Hegemony, 119 Anm. 94; zum Prozeß gegen Rutilius Rufus siehe *ders.*, The Trial of Rutilius Rufus, 122–139.
[456]) Z. B. *Dahlheim*, Gewalt und Herrschaft, 290–294.
[457]) *Bernhardt*, Polis, 188.
[458]) Weitere Belege ebd. 194–197. Zum *senatus consultum de agro Pergameno*, das in diesen Zusammenhang gehört, siehe jetzt *De Martino*, Il *senatusconsultum*, 161–190 (Datierung ins Jahr 101 v.Chr.) und *Petzl*, Die Inschriften von Smyrna, Nr. 589.
[459]) *Lintott, Imperium Romanum*, 98–107.
[460]) *Richardson*, The Purpose of the *Lex Calpurnia*, 1–12.

gewandt, daß *die lex Calpurnia de repetundis* und die *lex Iunia* nicht dem Schutz von Peregrinen, sondern lediglich dem von römischen Bürgern gedient hätten. *Lintott*[461]) weist auch auf die *lex Porcia*, die *lex Cornelia* und die *lex Iulia* hin, die sowohl die Machtfülle der Statthalter beschränken und damit die Stellung des Senats stärken als auch den Rechten der privilegierten und nichtprivilegierten Provinzialen mehr Geltung verschaffen sollten. Allerdings ist in diesem Zusammenhang auch das Argument von *Werner Dahlheim*[462]) zu beachten, daß nicht zuletzt die Einschränkung der Kompetenzen der Statthalter in der ausgehenden Republik Sonderkommandos mit außerordentlicher Machtfülle zur Bewältigung größerer Probleme notwendig machte, die dann sowohl die Republik erschütterten als auch die Rechte der Peregrinen vorübergehend stark reduzierten.

Daß die Städte in Asia ihr politisches Gewicht gelegentlich dadurch erhöhten, daß sie ihre Beschwerden im Namen des *Koinon* vortrugen[463]), ist mehrfach belegt. Die überlieferten konkreten Beschwerden der Städte gegen römische Übergriffe, finanzielle Auspressung und Beraubung hat *Rainer Bernhardt*[464]) zusammengetragen, ebenso die verschiedenen Arten der Abwehr, die von passivem Widerstand bis zu lokalem Aufruhr reichten, und die Maßnahmen einzelner römischer Statthalter und Machthaber zur Behebung von Mißständen.[465]) Er machte darauf aufmerksam[466]), daß man nicht übersehen sollte, daß die Städte durch eigene Mißwirtschaft ihre Schwierigkeiten häufig vergrößerten, so daß Statthalter und Inhaber außerordentlicher Kommandos zu heilsamen Eingriffen in die städtische Verwaltung genötigt waren.

Über die Verteidigung ihrer Stellung im römischen Reich hinaus versuchten die Städte ihre Lage durch Erlangung verschiedener Privilegien zu verbessern. Dabei ging es nicht nur um die *libertas* oder ein *foedus* oder gar die Erlangung der *plenissima immunitas*, d. h. die Befreiung von Steuern und *munera* (s. oben S. 33). In letzter Zeit ist infolge von Inschriftenfunden die Aufmerksamkeit der Forschung auf die Asylie gerichtet worden: *Mustafa Sayar, Peter Siewert* und *Hans Taeuber*[467]) veröffentlichten Asylie-Erklärungen Sullas und seines Unterfeldherrn Lukull für das Isis- und Sarapisheiligtum von Mopsuhestia in Ostkilikien. Die Herausgeber vermuten, daß die Stadt als Gegenleistung Schiffe

---

461) *Lintott, Imperium Romanum*, 105.
462) *Dahlheim*, Gewalt und Herrschaft, 289.
463) *Bernhardt*, Polis, 189 f.
464) Ebd. 184–197.
465) Die *legatio Asiatica* des M. Aemilius Scaurus hält *Alexander*, The *legatio Asiatica*, 1–9, für unhistorisch. Wenn das richtig ist, kann sie nicht die Ursache für die Entsendung des Mucius Scaevola nach Asia gewesen sein.
466) *Bernhardt*, Polis, 197 f.
467) *Sayar/Siewert/Taeuber*, Asylie, 113–130; zu Sullas Wiederaufbau von Ilion nach der Zerstörung der Stadt durch Fimbria und zu seinem Bemühen um ein gutes Verhältnis zu den griechischen Städten siehe *Behr*, Die Selbstdarstellung Sullas, 76 f., 157.

stelle, die Sulla nach seinen Siegen über die pontischen Heere in Griechenland dringend benötigte. Schon zuvor hatte sich die Stadt die Asylie, die sie von seleukidischen Herrschern erhalten hatte, von mehreren römischen Imperiumsträgern bestätigen lassen. *Peter Herrmann*[468]) publizierte die Bestätigung der Asylie des Artemis-Heiligtums von Sardeis durch Caesar. Mit dieser Anerkennung war offensichtlich eine Erweiterung des Asyliebezirks verbunden, wie es auch bei einigen anderen Städten bekannt ist. Weiter ist von einer nicht näher zu bestimmenden Einschränkung von Ansprüchen der *publicani* die Rede. Die neuen Asylieurkunden fügen sich in das Bild der Asyliebestätigungen bzw. -erweiterungen ein, wie wir sie von Mithridates VI., Sulla, Caesar und Marcus Antonius kennen.[469]) Weitere begehrte Vorrechte waren der ungehinderte Zugang zum Senat in eigenen Angelegenheiten und das Recht auf eine rasche Entscheidung, was zweifellos die Abhängigkeit von den *patroni* linderte; ein Ehrenplatz für die Gesandten der eigenen Stadt bei Spielen in Rom, die Erlaubnis zur Befestigung bestimmter Plätze auf dem eigenen Territorium und das Recht auf Prägung von autonomen (Silber-)Münzen.[470]) Die Auffassung *Werner Dahlheims*[471]), der vor allem in der Hervorhebung des römischen Wohlwollens in städtischen Dokumenten ein Anzeichen zunehmender Integrationsbereitschaft erkennen wollte, lehnte *Rainer Bernhardt*[472]) ab.

Neben dem Erwerb von Privilegien waren den Städten natürlich Schenkungen und Spenden auswärtiger Machthaber willkommen (Geldspenden, Bauten und dergleichen). Diese konzentrierten sich auf die großen Zentren der hellenistischen Kultur[473]), vor allem auf Athen.[474]) Während die Spenden von Königen mit dem Niedergang der hellenistischen Monarchien abnahmen[475]), begannen diejenigen römischer Aristokraten allmählich in den Vordergrund zu treten, in erster Linie die *beneficia* der großen Imperatoren der ausgehenden Republik. Sie erreichten jedoch nicht das Ausmaß der früheren königlichen „Wohltaten" und machten die kriegsbedingten Belastungen und Zerstörungen dieser Epoche nicht wett. Das rege städtische Gesandtschaftswesen und die Anknüpfung guter Beziehungen zu den Mächtigen hat in jüngster Zeit ausführlich *Friedemann Quaß*[476]) dargestellt.

Analysierte die Forschung die griechischen Städte im römischen Reich hauptsächlich aus administrativer oder sozial- und wirtschaftsgeschichtlicher

---

[468]) *Herrmann*, Rom und die Asylie, 127–158; vgl. *Freber*, Der hellenistische Osten, 60 f., 114–116.
[469]) Vgl. *Bernhardt*, Polis, 241; zu Caesar *Freber*, Der hellenistische Osten, 112–117.
[470]) *Bernhardt*, Polis, 203.
[471]) *Dahlheim*, Gewalt und Herrschaft, 185.
[472]) *Bernhardt*, Polis, 199 f.
[473]) Ebd. 204.
[474]) *Habicht*, Athen, 329–334.
[475]) Vgl. *Bringmann/von Steuben* (Hrsg.), Schenkungen hellenistischer Herrscher, T. 1.
[476]) *Quaß*, Die Honoratiorenschicht, 125–149.

Perspektive, d.h. als Selbstverwaltungseinheiten oder als städteübergreifende griechische Gesellschaft mit ihrer wirtschaftlichen Basis, so betonte *Rainer Bernhardt*[477]) gerade die Stadtstaatlichkeit und die damit verbundene außenpolitische Komponente und versuchte auf diesem Sektor eine Kontinuität aus der vorrömischen Zeit aufzuzeigen. Das begann bereits mit dem Territorium einer Stadt, das ja nicht ein Verwaltungsdistrikt, sondern ein Herrschaftsgebiet über Dörfer und eventuell andere Städte war. Deshalb versuchte jede Stadt, ihr Territorium zu erweitern, während solche Städte, die zum Gebiet einer anderen Stadt gehörten, nicht selten die Loslösung und die damit verbundene Eigenstaatlichkeit unter römischer Herrschaft anstrebten. Gerade hier setzten sich die oft jahrhundertealten Grenzstreitigkeiten und Animositäten fort, was häufig dazu führte, daß Städte die ihnen untertänigen Gemeinden schikanierten und schlecht verwalteten, so daß die Römer sich gezwungen sahen, ihnen die Herrschaft wieder zu entziehen. Bei den zahlreichen zwischenstädtischen Streitigkeiten fungierten jedoch nicht nur die Römer als Schiedsrichter, sondern die Städte versuchten auch, entweder in direkten Verhandlungen miteinander oder mittels Einsetzung eines neutralen Schiedsgerichts aus einer dritten Stadt (bzw. mehreren Städten) zu einer Lösung zu kommen. Manchmal baten die Städte den zuständigen Statthalter um Einsetzung auswärtiger städtischer Schiedsgerichte oder riefen seine Entscheidung an, wenn sie auf anderem Wege keine Schlichtung erreichten, während der Statthalter seinerseits komplizierte Sachverhalte an den Senat verweisen konnte.[478]) Bei den Städten blieben die Formen des zwischenstaatlichen Verkehrs aus vorrömischer Zeit weitgehend erhalten. Freistädte und *civitates stipendiariae* verkehrten diplomatisch auf gleicher Stufe miteinander, und die Städte pflegten auch weiterhin Kontakte zu Monarchen innerhalb und außerhalb des römischen Machtbereichs. Die eifrigen diplomatischen Aktivitäten der Städte hat besonders *Friedemann Quaß* anhand des Inschriftenmaterials herausgearbeitet. *Rainer Bernhardt*[479]) wies auf die Epitheta der Städte im Werk Strabons als Quelle des städtischen Selbstverständnisses hin, wie πρῶτος, μέγιστος, ἄριστος u. a., von denen einige in der Kaiserzeit zu regelrechten Titeln wurden, ferner auf die Eigentümlichkeit bei den Städten im Osten Kleinasiens und Syriens, bedeutungslos gewordene Vorrechte aus seleukidischer Zeit, wie die Asylie (der gesamten Stadt) und Autonomie, öfter titular zu führen als unter römischer Herrschaft erworbene Privilegien, wie die *libertas* im technischen Sinn oder ein *foedus*. Bemerkenswert ist auch die Betonung der εὐνομία und des militärischen Werts der wichtigsten Städte.

In die Regierungszeit Caesars fällt die Gründung der ersten römischen Kolonien im Osten. Daß der Diktator damit nicht die Absicht der Romanisierung

---

[477]) *Bernhardt,* Polis, 204–219.
[478]) Vgl. auch *Kallet-Marx,* Hegemony, 162–183.
[479]) *Bernhardt,* Polis, 213–217.

verband, sondern Freigelassene griechischer Herkunft als Kolonisten ansiedelte, daß er auch mit der Verleihung des römischen Bürgerrechts an einzelne Günstlinge in griechischen Städten nicht deren Integration in den römischen Herrschaftsapparat bezweckte, sondern die Erweiterung seiner politischen Klientel, hat *Philipp-Stephan Freber*[480]) betont. Die Tendenz der Forschung geht also dahin, daß weder von römischer noch von griechischer Seite ein Aufgehen der Polis im Reich angestrebt wurde. Eher kann man von einer politischen Subkultur der griechischen Städte unter römischer Herrschaft sprechen.

8. Das Verhalten der griechischen Städte in Kriegen zwischen Rom und auswärtigen Mächten nach der Einrichtung römischer Provinzen

Genauere Aufschlüsse über den unter römischer Herrschaft weitgehend verborgenen politischen Willen der Städte verspricht eine ins einzelne gehende Untersuchung ihres Verhaltens im Verlauf von Kriegen, d. h. wenn die römische Herrschaft erschüttert wurde. Dabei kommt dem Ersten Mithridatischen Krieg die größte Bedeutung zu, weil er den zeitweiligen Zusammenbruch der römischen Herrschaft über den Osten herbeiführte. Die ältere Forschung[481]) verstand den Übergang der meisten Städte Kleinasiens und Südgriechenlands zu Mithridates als letzten Freiheitskampf der Griechen, als Ausdruck der Erbitterung über korrupte und brutale Praktiken römischer Statthalter und *publicani*, als nationalistische Bewegung der Asiaten gegen die Römer und in sozialer Hinsicht als Widerstand der unteren sozialen Schichten gegen das römische Herrschaftssystem. Lediglich die privilegierten Städte und die „Finanzaristokratie" seien römische Parteigänger gewesen. Seit den Arbeiten von *Gabriella Amiotti*[482]), *Adrian Sherwin-White*[483]), *Rainer Bernhardt*[484]), *Brian McGing*[485]), *Takashi Tamura*[486]), *Hartel Pohl*[487]), *Robert Kallet-Marx*[488]), und speziell für Karien *Christian Marek*[489]), für Athen *Ernst Badian*[490]), *Jean-Louis Ferrary* (s. unten S. 74) und *Christian Habicht*[491]) haben diese Pauschalurteile einer differenzierteren Einschätzung Platz gemacht. Man stellte fest, daß

---

[480]) *Freber,* Der hellenistische Osten, 117–120, 133–156.
[481]) Überblick bei *Bernhardt*, Polis, 33 f.
[482]) *Amiotti,* I Greci, 132–139.
[483]) *Sherwin-White,* Roman Foreign Policy, 240–244.
[484]) *Bernhardt,* Polis, 33–64.
[485]) *McGing,* The Foreign Policy, 89–131.
[486]) *Tamura,* The Political Trends, 61–72.
[487]) *Pohl,* Die römische Politik und die Piraterie, 142–146; vgl. 110–113.
[488]) *Kallet-Marx,* Hegemony, 153–160.
[489]) *Marek,* Karien, 287–289.
[490]) *Badian,* Rome, Athens and Mithridates, 105–128.
[491]) *Habicht,* Athen, 297–313.

das Verhalten der privilegierten Städte sich nicht von dem der nichtprivilegierten unterschied und daß es in der sozialen Oberschicht nicht nur Anhänger der Römer, sondern auch eine nicht zu unterschätzende Gruppe gab, die auf Mithridates setzte. *Amiotti* glaubte, daß die antirömische Bewegung in erster Linie von den vermögenden griechischen Kaufleuten und Intellektuellen ausgegangen sei und sich speziell gegen die römischen *negotiatores* und *publicani* sowie deren politische Exponenten, die Marianer, gerichtet habe. Umstritten ist die Haltung der unteren sozialen Schichten: Während *Rainer Bernhardt* sie als von Stadt zu Stadt variierend einstufte, bewerteten *Brian McGing* und tendenziell auch *Adrian Sherwin-White* sie als promithridatisch. Nicht einig ist sich die Forschung auch über den Einfluß der Erbitterung über schlechte römische Herrschaftspraktiken. Besonders *McGing* veranschlagte ihn hoch und verwies auf die Propaganda des Mithridates, der u. a. die römische Habgier herausstellte. *Pohl* will die tiefere Ursache in einer allgemeinen Ausbreitung des „Pauperismus" in hellenistischer Zeit erkennen, der durch die römische Herrschaft noch verschärft worden sei. Dadurch habe auch die Piraterie Züge eines politischen und militärischen Widerstands gegen die römische Herrschaft angenommen. Dagegen beurteilte *Bernhardt* die Haltung der meisten Städte als opportunistisch, von der jeweiligen militärischen Lage abhängig, und teilte die Städte nach ihrem Verhalten in vier Kategorien ein: 1. Städte, die sich für Mithridates engagierten. Ihre Zahl sei klein gewesen, doch hätten sich einige berühmte und privilegierte Städte unter ihnen befunden; 2. Städte, die ursprünglich keine antirömische Initiative entfalteten, in denen es jedoch beim Herannahen der Truppen des Mithridates zu gravierenden antirömischen Ausschreitungen kam; 3. Städte, die sich Mithridates anschlossen, ohne daß antirömische Aktionen stattfanden; 4. Städte, die auf römischer Seite blieben und dem Mithridates Widerstand aus eigener Kraft leisteten. Ihre Zahl sei klein gewesen, und es hätten sich privilegierte wie nicht-privilegierte Städte unter ihnen befunden. Den Widerstand der Städte Kariens gegen Mithridates erklärten *Sherwin-White* und *Marek* damit, daß diese damals noch nicht zur römischen Provinz Asia gehörten und folglich für ihre Unabhängigkeit gekämpft hätten. *Kallet-Marx* gelangte zu einem ähnlichen Ergebnis wie *Bernhardt* und hob besonders die Verantwortung des Mithridates für die Ermordung der Römer und Italiker in griechischen Städten hervor, während *Jean-Louis Ferrary* gerade die Städte für die Massaker verantwortlich machte.[492]

Ein Sonderfall war Athen, eine föderierte und weder von Statthaltern noch *publicani* bedrängte Stadt, die sich trotzdem für ein Zusammengehen mit Mithridates entschied, noch dazu ohne von dessen Truppen bedroht zu sein. Sogar die von den Römern favorisierten dionysischen Techniten machten die politische Kursänderung mit. *Habicht* meint, den Athenern sei die Selbstdarstellung

---

[492] *Ferrary*, Philhellénisme, 617.

des Mithridates als Anwalt des Griechentums überzeugend erschienen. Ferner sei die athenische Entscheidung auch Folge einer innenpolitischen Krise in den neunziger Jahren gewesen, in der ein gewisser Politiker namens Medeios die Römer um Vermittlung angerufen habe, während andere durch das Paktieren mit dem pontischen König die zu erwartende römische Einmischung hätten verhindern wollen. Unter den Anhängern des Mithridates hätten sich namhafte Bürger aus der Oberschicht befunden. Nur Delos blieb wegen der zahlreichen ortsansässigen Römer und Italiker auf römischer Seite und sagte sich von Athen los. *Kallet-Marx*[493]) sieht die athenische Politik weniger von einem antirömischen Ressentiment geleitet als von dem Bestreben, außenpolitische Bewegungsfreiheit zurückzugewinnen.

Schon nach den Niederlagen der pontischen Heere in Griechenland bereiteten die meisten Städte Kleinasiens heimlich ihre Rückkehr ins römische Lager vor. Wie weit man das daraufhin erfolgende Werben des Mithridates um benachteiligte Gruppen durch Maßnahmen wie Schuldenstreichung, Verleihung des Bürgerrechts an die Metöken und Sklavenbefreiung als soziale Revolution bezeichnen sollte, bleibt umstritten. Ein anderer Aspekt ist, daß die Anhänger des Mithridates in der Oberschicht in diesem Stadium die Repressionsmaßnahmen des Königs gegen die Städte zur Abrechnung mit ihren persönlichen Gegnern benutzten.

Über das allgemeine Verhalten der griechischen Städte in Kriegen zwischen Rom und auswärtigen Mächten kam *Bernhardt* zu folgenden Resultaten: Die meisten Städte hätten mittels einer flexiblen Politik nach beiden Seiten versucht, möglichst wenig in das Kampfgeschehen hineingezogen zu werden. Auch von den Römern aus Einheimischen gebildete Heereskontingente hätten im allgemeinen einen geringen Kampfwert gehabt. Nur wenige Städte hätten für die eine oder andere Seite wirklich Partei ergriffen. Vielmehr habe sich gezeigt, daß sich die Mehrheit der griechischen Oberschicht keineswegs an Rom gebunden, sondern in erster Linie ihrer jeweiligen Stadt verpflichtet gefühlt und in bezug auf die Loyalität zur eigenen Stadt anscheinend ein breiter Konsens aller sozialen Schichten bestanden habe. Wie es scheine, habe sich nur eine kleine Minderheit der griechischen Führungsschicht für die römische Sache engagiert und sei nach dem römischen Sieg mit Privilegien belohnt worden. Allgemein lasse sich sagen, daß das Ideal der Städte weiterhin die Unabhängigkeit blieb, und daß sie ihre damalige politische Lage als geradlinige Fortsetzung ihrer Stadtgeschichte betrachteten. Wo sich eine wirkliche Chance eröffnet habe, die Unabhängigkeit wiederzugewinnen, wie an der Schwarzmeerküste 62 v. Chr., hätten die Städte diese wahrgenommen, auch wenn sie dadurch den römischen Schutz vor thrakischen Stämmen im Binnenland verloren. Unter der Herrschaft

---

[493]) *Kallet-Marx*, Hegemony, 205–212; zu den propontischen Tyrannen Athenion und Aristion siehe *Bugh*, Athenion und Aristion, 108–123.

einer fremden Macht zu stehen, also auch unter römischer Herrschaft, habe für sie prinzipiell ein Übel bedeutet, doch sei die römische Herrschaft im Vergleich mit der Herrschaft der Gegner Roms anscheinend generell als das geringere Übel empfunden worden, weil die römische Provinzialverwaltung ihnen einen größeren Freiraum gewährt und die Loyalität der Städte weder mittels der Einsetzung von Tyrannen noch durch Geiselnahmen noch durch die Stationierung von Besatzungstruppen zu sichern versucht habe. Ausschlaggebend für das Verhalten der Städte sei letztendlich ihr Respekt vor dem römischen Militärpotential gewesen, das sie in der Regel höher eingeschätzt hätten als das der Gegner Roms. Dieser Respekt habe die Städte auch an Aufständen und Sezessionsbewegungen gehindert, wie sie z. B. in den Diadochenreichen und im Partherreich nicht selten vorkamen, und habe sie die Schattenseiten der römischen Provinzialverwaltung ertragen lassen.

9. Das Verhalten der griechischen Städte in römischen Bürgerkriegen

Die Auffassung, daß die Poleis unter römischer Herrschaft durchaus noch politische Gemeinwesen waren, hatte auch eine gründlichere Untersuchung ihres Verhaltens in römischen Bürgerkriegen zur Folge, als es in der Forschung bis dahin geschehen war. *Rainer Bernhardt*[494]) kam dabei zu dem Ergebnis, daß etliche Städte in den römischen Bürgerkriegen der ausgehenden Republik ihre Interessen aktiver wahrgenommen hätten als in den meisten Kriegen zwischen Rom und auswärtigen Mächten, auch wenn ihnen die Ziele der römischen Bürgerkriegs„parteien" wenig bedeutet hätten. Daß die Städte des Ostens Pompeius eine größere Loyalität entgegenbrachten als jedem anderen Römer und zum Teil noch nach seiner Niederlage bei Pharsalos zu ihm hielten, habe nicht daran gelegen, daß sie sich mit seiner „Partei" identifiziert, sondern daß sie seit seiner erfolgreichen Seeräuberbekämpfung, seinem Sieg im Dritten Mithridatischen Krieg und seiner Neuordnung des Ostens in ihm ihren „Wohltäter" und Fürsprecher in Rom gesehen hätten. Ansonsten hätten sich die Städte bzw. bestimmte Gruppen in ihnen bei ihrer Parteinahme in römischen Bürgerkriegen von ihren lokalen Interessen leiten lassen. So seien manche Städte durch das Versprechen von Privilegien für eine römische Bürgerkriegs„partei" gewonnen worden, wie denn auch nicht wenige Städte, die auf der siegreichen Seite mitgekämpft hatten, nach Kriegsende auch ohne entsprechende vorherige Zusage Privilegien als Belohnung erhalten hätten. Nicht selten habe das Engagement einer Stadt für eine römische Bürgerkriegs„partei" nur als Vorwand gedient, um eine alte, oft in vorrömische Zeit zurückreichende Rivalität mit einer anderen

---

[494]) *Bernhardt*, Polis, 141–158.

Stadt auf kriegerische Weise auszutragen und das eigene Territorium zu vergrößern. In ähnlicher Weise hätten sich gelegentlich rivalisierende politische Gruppen in einer Stadt verschiedenen römischen Bürgerkriegs„parteien" angeschlossen, um mit deren Hilfe in ihrer Stadt die Oberhand und manchmal sogar die Tyrannis zu erringen. Andere Städte hätten wiederum auf ihr Recht auf Neutralität in einem Bürgerkrieg gepocht und seien sogar bereit gewesen, dieses mit Waffengewalt zu verteidigen. Gerade in römischen Bürgerkriegen sei also die unter der Decke der römischen Herrschaft weiterbestehende politische „Subkultur" der griechischen Städte aus vorrömischer Zeit virulent geworden, habe sich angesichts der geballten militärischen Macht der römischen Bürgerkriegs„parteien" jedoch nicht in Aufständen gegen Rom geäußert.

10. Der Einfluß von ortsansässigen Römern und Italikern in den griechischen Städten

Die Ergebnisse des Standardwerks von *Alan Wilson*[495]) und die bis 1981 erschienenen Einzelforschungen zum Verhältnis zwischen den griechischen Städten und ortsansässigen Römern und Italikern hat *Rainer Bernhardt*[496]) zu einem Gesamtüberblick zusammengefaßt. Seitdem haben *Bruno Helly*[497]), *Malcolm Errington*[498]), *Olaf Perlwitz*[499]) und *Christian Habicht*[500]) weitere Einzelaspekte beigetragen: *Helly* wertete das inschriftliche Material über die Römer und Italiker in Thessalien aus, *Errington* legte eine aufschlußreiche Liste von ortsansässigen Römern und Italikern vor, die als Sieger in sportlichen und musischen Agonen geehrt worden waren, an der Ephebie teilgenommen, sich als lokale „Wohltäter" einen Namen gemacht und sogar das Bürgerrecht der betreffenden griechischen Stadt angenommen und dort öffentliche Ämter bekleidet hatten; *Perlwitz* beleuchtete kritisch das Mäzenatentum des Atticus in Athen, und *Habicht* präsentierte eine minutiöse Auswertung vor allem des epigraphischen Befundes bezüglich der Römer und Italiker in Athen und auf Delos.

Wie schon *Jean Hatzfeld*[501]) wußte, wurden von den Griechen bereits vor 89 v. Chr. nicht nur Römer, sondern auch nichtrömische Italiker als 'Ρωμαῖοι angesehen. Obwohl die Römer keinen *conventus civium Romanorum* bildeten wie im Westen, sondern nur religiöse und berufliche Vereinigungen, hatten sie

---

[495]) *Wilson*, Emigration from Italy.
[496]) *Bernhardt*, Polis, 262–267.
[497]) *Helly*, Les Italiens en Thessalie, 355–380.
[498]) *Errington*, Aspects of Roman Acculturation, 140–157.
[499]) *Perlwitz*, Titus Pomponius Atticus, 35–48.
[500]) *Habicht*, Athen, 250f., 303, 326f., 339–347.
[501]) *Hatzfeld*, Les trafiquants italiens, 242–245.

in den griechischen Städten bis zu einem gewissen Grade eine Sonderstellung inne, die sie von anderen Ausländern abhob. Ihr Verhältnis zu ihrer griechischen Umwelt war anscheinend sehr unterschiedlich: Daß die *publicani* und die Geldverleiher, die ihre Wucherzinsen von zahlungsunfähigen Schuldnern nicht selten unter Zuhilfenahme von statthalterlicher Amtsgewalt auf brutale Weise einzutreiben versuchten, verhaßt waren, kann nicht verwundern; doch waren keineswegs alle Römer in griechischen Städten unbeliebt. Es gibt vielmehr genügend Zeugnisse dafür, daß sich ortsansässige Römer am gesellschaftlichen und kultischen Leben ihrer Wahlheimat beteiligten und ihr gelegentlich auch finanziell unter die Arme griffen. Man sollte sich von den Massakern an Römern und Italikern zu Beginn des Ersten Mithridatischen Krieges, die außerdem keineswegs überall stattfanden[502], nicht täuschen lassen. Auf die kulturelle Assimilierung mancher Römer im Osten hat besonders *Errington* hingewiesen. In Athen eröffnete ihnen seit dem späten 2. Jahrhundert v. Chr. die Ephebie, die Ausländern, also auch Römern zugänglich gemacht wurde, einen neuen Weg zum städtischen Bürgerrecht.[503] Dennoch fanden sich die meisten Römer erst in der ausgehenden Republik zur Annahme des Bürgerrechts ihrer Wahlheimat bereit, als die Regel von der Inkompatibilität der römischen mit einer peregrinen Staatsangehörigkeit nicht mehr beachtet wurde und auch einzelne Griechen das römische Bürgerrecht erhielten, ohne dasjenige ihrer Stadt zu verlieren. Seitdem nahmen Römer in griechischen Städten auch öffentliche Ämter wahr.

Im Gegensatz zu *Werner Dahlheim*[504], der glaubte, daß wenigstens seit der ausgehenden Republik die ortsansässigen Römer im griechischen Osten, ähnlich wie im Westen, eine grundlegende politische und soziale Veränderung in den Städten bewirkt hätten, kam *Rainer Bernhardt* zu der Einschätzung, daß der politische Einfluß dieser Römer in griechischen Städten – von Ausnahmen wie Delos abgesehen – durchaus begrenzt war. Lediglich in römischen Bürgerkriegen hätten sie hier und da den politischen Kurs einer Stadt bestimmen können. Im allgemeinen habe jedoch die griechische Oberschicht das Heft in der Hand behalten, und sogar die Mittelsmänner zwischen den überragenden Imperatoren der ausgehenden Republik und den griechischen Städten seien nicht ortsansässige Römer, sondern Griechen gewesen.[505]

---

[502] Dazu *Bernhardt*, Polis, 33–64.
[503] *Habicht*, Athen, 341–347.
[504] *Dahlheim*, Gewalt und Herrschaft, 320f.
[505] *Bernhardt*, Polis, 262–267; vgl. *Gold*, Pompey and Theophanes, 312–327; *Parker*, Potamon of Mytilene, 115–129; *Anastasiadis/Souris*, Theophanes of Mytilene, 377–382.

11. Die Auswirkungen der römischen Beziehungen zum Osten auf die Politik der Senatsaristokratie: „Ostexpertentum" und Philhellenismus

Die prosopographische Erforschung der römischen Senatsaristokratie in der ersten Hälfte des 20. Jahrhunderts hatte zur Folge, daß der Senat nicht mehr als ein in sich geschlossenes Gremium politischer Willensbildung, sondern eher als eine von rivalisierenden Adelsfamilien, -parteiungen und Machtblöcken abhängige und beherrschte Institution angesehen wurde.[506] Vor diesem Hintergrund und aus der Beobachtung, daß einzelne römische Aristokraten bzw. Angehörige bestimmter Familien öfter in diplomatischer oder militärischer Mission im Osten zu finden sind als andere, gewannen etliche Forscher die Überzeugung, daß die römische Ostpolitik von einem begrenzten Kreis senatorischer Familien geprägt worden sei, die die östlichen Gebiete aus eigener Anschauung kannten und dort über besondere politische Kontakte verfügten. So glaubte *William Forrest*[507] in den Postumii, Sulpicii, Manlii, Fulvii und Valerii die „chief members" einer „Greek lobby" erkennen zu können, räumte jedoch ein, daß genauere Forschungen nötig seien „to establish the unity and nature of this or similar groups". Vor allem müßten die gemeinsamen Interessen ausfindig gemacht werden, welche die Familien dieser „lobby" zusammenhielten, sowie die Interessen ihrer Gegner im Senat. In bestimmten politischen Situationen glaubte man sogar aus dem Auftreten von Mitgliedern dieser „Greek lobby" auf der politischen Bühne Rückschlüsse auf die Absichten des Senats ziehen zu können. Für *Ernst Badian*[508] war die Wahl des P. Sulpicius Galba zum Konsul für das Jahr 200 v. Chr. ein untrügliches Indiz dafür, daß der Senat schon Ende 201 bereit war, zur Sicherung seiner Vorherrschaft über Illyrien es notfalls auf einen Waffengang mit Philipp V. ankommen zu lassen. Die Befürworter dieses Engagements im Osten seien Galba und P. Sempronius Tuditanus gewesen, „the principal Eastern experts". Sie hätten auch die Mittel und Wege gekannt, mit denen die Griechen in eine gemeinsame Frontstellung mit Rom gegen Philipp zu bringen waren. Den Einwand, daß Galba und später Flamininus ihre Kriegsschauplätze durch das Los zugeteilt bekamen, wies *Badian* unter Hinweis auf die angeblich in solchen Fällen übliche Losmanipulation zurück.[509] Der Senat habe sich in seiner Politik von den „eastern experts" Galba, Villius und Flamininus leiten lassen, deren Führer bald nach Beginn des 2. Jahrhunderts Flamininus geworden sei.[510]
Diesen Ansatz zum Verständnis der Ostpolitik des Senats versuchte *Guido*

---

[506] Dazu *Ferrary*, Philhellénisme, 528 f.
[507] *Forrest*, Rez. zu Thiel, A History of Roman Sea-Power, 170.
[508] *Badian*, Foreign Clientelae, 63, 66, vgl. auch *Errington*, Rome against Philip, 255 f.
[509] *Badian*, Titus Quinctius Flamininus, 301 f.
[510] Ebenso *Dell*, Macedon and Rome, 308 Anm. 15.

Clemente[511]) einerseits zu erweitern, andererseits zu begrenzen. Er führte den Beginn des römischen „Ostexpertentums" schon auf das frühe 4. Jahrhundert zurück, als Angehörige der Valerii Potiti und der gens Fabia maßgeblich an Gesandtschaften nach Delphi beteiligt waren.[512]) Ab 292 seien auch die Ogulnii in diesem Kreis nachweisbar, als Q. Ogulnius Gallus als Leiter einer zehnköpfigen römischen Gesandtschaft die Äskulapschlange von Epidauros nach Rom gebracht habe. 273 v. Chr. sei derselbe Ogulnius – wegen seiner auf der ersten Reise in den Osten gewonnenen Kenntnis der griechischen Welt, wie *Clemente*[513]) annahm – Mitglied einer dreiköpfigen Gesandtschaft an den ptolemäischen Hof gewesen. „L'esperienza di alcuni individui o gruppi sembra dunque giocare un ruolo importante nell' acquisizione, da parte della classe dirigente romana che ha nel Senato il suo naturale strumento istituzionale, di nuovi apporti culturali e quindi, in modo più o meno mediato, politici".[514]) Der Senat habe sich dieser „Experten" in zunehmendem Maße bedient, und diese hätten praktisch die Funktion einer permanenten diplomatischen Institution übernommen und bei außenpolitischen Entscheidungen sowie deren Ausführung Kontinuität und rasches Vorgehen ermöglicht. Für den Senat habe diese Verfahrensweise den Vorteil gehabt, daß er diese „Experten" im Rahmen seiner traditionellen Entscheidungsfindung habe kontrollieren können. Gleichwohl habe dieses neue Element allmählich eine Veränderung der ideologischen Grundlagen der Senatspolitik bewirkt.[515])

Im Ersten Makedonischen Krieg seien M. Valerius Laevinus, P. Sulpicius Galba und P. Sempronius Tuditanus zu den führenden „Ostexperten" aufgestiegen, die auch nach Kriegsende zwischen 205 und 200 v. Chr. im Senat zusammen mit einigen anderen Senatoren die „eastern lobby" gebildet hätten. In der Tat hat Valerius Laevinus 205 v. Chr. die römische Gesandtschaft nach Pessinus geleitet, um das Bild der *Magna Mater* nach Rom zu bringen, und bei dieser Aufgabe haben seine zuvor im Ersten Makedonischen Krieg angeknüpften guten Beziehungen zum König von Pergamon eine Rolle gespielt, wie Livius (29,10.11) hervorhebt. *Clemente*[516]) sah darin eine Parallele zur Mission des Q. Ogulnius Gallus von 292 v. Chr. (s. oben). Er[517]) hielt die „esperti" auch für eine wichtige politische Kraft im Vorfeld des Zweiten Makedonischen Krieges, obwohl zusätzlich noch andere Gruppierungen – zum Beispiel Soldaten, die schon im Osten Kriegsdienst geleistet hatten und italische Kaufleute mit merkantilen Verbindungen östlich der Adria – Einfluß genommen hätten. Dabei wahrte er

---

[511]) *Clemente*, „Esperti" ambasciatori, 319–352.
[512]) Ebd. 320.
[513]) Ebd. 319 f.
[514]) Ebd. 321.
[515]) Ebd. 323.
[516]) Ebd. 326.
[517]) Ebd. 328 f.

durchaus skeptische Distanz gegenüber Versuchen, anhand der prosopographischen Methode gleichsam schematisch die Entstehung von politischen Entscheidungen in Rom zu rekonstruieren bzw. den außenpolitischen Kurs allein mit der Konstellation bestimmter senatorischer Gruppen zueinander zu erklären.[518] Der Entstehungsprozeß der öffentlichen Meinung in außenpolitischen Fragen sei viel komplizierter gewesen und habe sich aus verschiedenen Quellen gespeist. Die verschiedenen politischen Gruppen im Senat hätten sich nicht zu „promotori di politiche" zusammengeschlossen, sondern lediglich danach gestrebt, die Kontrolle über die Ausführung bestimmter politischer Entscheidungen zu gewinnen.[519] Zu diesem Zweck hätten sich rasch wechselnde politische Bündnisse mit begrenzten Zielen gebildet. Als ein aufschlußreiches Beispiel führte er die näheren Umstände bei der Kriegserklärung an Makedonien 201/200 v. Chr. an: Während mit Sulpicius Galba ein „Ostexperte" zum Konsulat gelangt sei, hätten die *comitia centuriata* bei der ersten Abstimmung gegen die Kriegserklärung votiert: „Il controllo di posti chiave nel governo non assicurava evidentemente il controllo dell' opinione pubblica".[520]

Auch bei den Friedensverhandlungen zwischen Rom und Philipp V. sei die Rolle der „Ostexperten" klar zu erkennen: P. Sulpicius Galba und P. Villius waren Mitglieder der zehnköpfigen Kommission, *qui consules provinciam Macedoniam obtinuissent* (Liv. 33, 24,7), und M. Caecilius Metellus, weil er 205 v. Chr. Mitglied der Gesandtschaft nach Pessinus gewesen sei. Dagegen wies *Clemente* die These der von der prosopographischen Methode geprägten Forschung zurück, die die Auseinandersetzung zwischen Flamininus und den zehn Legaten darauf zurückführen wollte, daß die Kommission nicht aus Anhängern des ersten, sondern aus Vertretern der Scipionen und der Servilii Claudii bestanden habe.[521] In Wirklichkeit hätten die Meinungsverschiedenheiten auf einer unterschiedlichen Einschätzung der politisch-militärischen Lage beruht: Die Kommission habe zunächst die militärische Kontrolle über die drei „Fesseln" Griechenlands für wichtiger gehalten als die völlige Einlösung des Freiheitsversprechens an die Griechen (s. oben S. 20).

Auch in der Zeit zwischen dem Friedensschluß mit Philipp und dem Ausbruch des Krieges gegen Antiochos seien die diplomatischen Aktivitäten der „Ostexperten" bei der Regelung lokaler Angelegenheiten sowie bei den Kon-

---

[518] Ebd. 330f.; zu den Grenzen der prosopographischen Methode im allgemeinen siehe die Literatur ebd. 322 Anm. 8.
[519] Vgl. ebd. 340: „le fazioni, i raggruppamenti familiari non si organizzavano sulla base di programmi di politica estera di carattere generale, né erano in grado di esercitare un controllo permanente del governo a questo fine. Il Senato come assemblea si serviva invece di ‚esperti' per aquisire elementi di conoscenza che inseriva in una visione dei problemi relativamente rigida, e che trovava altrove la sua legittimazione, lento a recepire mutamenti, anche se assai duttile e pragmatico nelle scelte operative."
[520] Ebd. 331.
[521] Ebd. 333.

takten zu Antiochos III. deutlich auszumachen, wobei bezüglich der Haltung gegenüber dem König die Gruppe der Servilii Claudii in bemerkenswerter Weise die gleiche Position eingenommen habe wie die mit ihr verfeindeten Scipionen.[522]

Während des Krieges gegen Antiochos kommt nach Ansicht *Clementes* die freiheitsfreundliche Politik der Scipionen gegenüber den Städten besonders in ihrem Brief an Herakleia am Latmos[523] zum Ausdruck. Doch habe der Senat nach der Entscheidungsschlacht bei Magnesia am Sipylos das eigenmächtige Gebaren der Scipionen durch deren Abberufung beendet und sie durch andere „Ostexperten" ersetzt: Unter der Zehnerkommission seien L. Furius Purpurio, Ap. Claudius Nero und P. Cornelius Lentulus als solche zu erkennen, die zwischen 199 und 197 v. Chr. im Osten tätig gewesen seien.[524] Dem politischen Spielraum dieser Kommission habe der Senat enge Grenzen gezogen.[525] Und nach dem Ende des Krieges habe er alle Ansätze der „Ostexperten" zu einer eigenständigen Politik rigoros unterdrückt.[526] Gleichzeitig habe er sich in den folgenden Jahrzehnten dieser „Experten" in der Form von Gesandtschaften in einem Ausmaß wie nie zuvor bedient, nicht zuletzt deshalb, weil die griechischen Staaten mit ihren ständigen Konflikten die Römer unablässig behelligten.[527] „Nel complesso gioco diplomatico, continuamente sollecitato dalla presenza quasi permanente di legazioni straniere, il Senato appare intenzionato a non perdere il controllo della situazione e a servirsi di ‚esperti' solo in quanto esecutori attendibili: la linea politica generale non era più in discussione".[528] Diese Einengung der politischen Handlungsmöglichkeiten der römischen Gesandtschaften durch den Senat sei auch von den griechischen Staaten wahrgenommen worden. So habe z. B. Philopoimen sie zur Abwehr der Einmischungsversuche des Flamininus in die Angelegenheiten des Achaiischen Bundes genutzt.[529]

Im Vorfeld des Dritten Makedonischen Krieges seien bei den römischen Gesandtschaften in den Osten wiederum „Ostexperten" in Aktion getreten.[530] In dieser Phase, in der Rom dem Makedonenkönig den Krieg mit zweifelhaften Methoden aufgezwungen habe, ebenso wie bei der Neuordnung der griechi-

---

[522] Ebd. 336.
[523] *Sherk*, Roman Documents, Nr. 35; vgl. jedoch die kritische Beurteilung von *Ferrary*, Philhellénisme, 150–156; vgl. auch *Gauthier*, Bulletin épigraphique, 465 Nr. 6, gegen *Bertrand*, Inscriptions historiques grecques, der den Brief an Herakleia nicht den Scipionen, sondern M'. Vulso zuschreiben will.
[524] *Clemente*, „Esperti" ambasciatori, 340f.
[525] Ebd. 341f.
[526] Ebd. 342.
[527] Ebd. 342–352.
[528] Ebd. 346.
[529] Ebd. 346.
[530] Ebd. 348–352.

schen Welt nach dem Krieg sei das politische Gewicht der „Ostexperten" sogar gewachsen. Sie hätten dem Senat neue Maßstäbe für sein Handeln abringen können, bei denen er die traditionellen Formen römischer Politik weitgehend verlassen habe (*nova sapientia*).[531]

Erich Gruen[532] leugnete die Existenz römischer „Ostexperten" vollständig. So habe das angebliche „Ostexpertentum" des P. Sulpicius Galba darin bestanden, daß er im Ersten Makedonischen Krieg sechs Jahre lang militärisch ohne sonderlichen Erfolg operiert und zugleich durch seine Brutalität das Vertrauen der Griechen verspielt habe.[533] Seine erfolgreiche Bewerbung um sein zweites Konsulat im Jahre 201 v. Chr. brauche nicht mit seiner Kennerschaft des Ostens erklärt zu werden, denn die *comitia centuriata* hätten 200 v. Chr. gegen den Krieg gestimmt. Im Zweiten Makedonischen Krieg sei Galba nach einem Jahr von seinem Kommando abgelöst und durch P. Villius Tappulus ersetzt worden, der nicht die geringste Osterfahrung habe vorweisen können.[534] Selbst T. Quinctius Flamininus habe sich durch keinerlei Kenntnisse des Ostens empfehlen können, sondern sein frühes Konsulat ausschließlich innenpolitischen Beziehungen verdankt.[535] Das gleiche gelte für die Vergabe der Kommandos im Krieg gegen Antiochos und im Dritten Makedonischen Krieg: Die Ämter seien nach innenpolitischen Gesichtspunkten und die Kriegsschauplätze durch das Los vergeben worden.[536] Die Vermutung der Losmanipulation lehnte *Gruen* ab: „The lot ruled. Arrangement or manipulation would offend the gods."[537] Ebensowenig seien die römischen Offiziere im Heer der Oberbefehlshaber Spezialisten gewesen.[538] *Gruen* resümierte: „The evidence is overwhelming and inescapable. Rome never held eastern experience as a requirement for her commanders in the Hellenic wars."[539] Das gleiche treffe auf die zahlreichen Gesandtschaften zu: „... the senate did not look for special diplomatic skills in dispatching envoys. Savage campaigns in Greece, marked by extortionate demands upon allies, had been conducted by Crassus and by Hortensius, calling forth a host of complaints by the Hellenes. Yet the senate had no qualms about sending these men on later missions that required tact and diplomacy. To regard their former experience as qualification for their subsequent duties is plainly absurd. If any legates to the East in the midsecond century had held earlier commands which proved of some use, that was accidental – and

---

[531] Vgl. *Briscoe*, Q. Marcius Philippus, 66–77.
[532] *Gruen*, The Hellenistic World, Vol. 1, 203–249.
[533] Ebd. 205 f.
[534] Ebd. 207.
[535] Ebd. 207 f.
[536] Ebd. 209–219.
[537] Ebd. 212.
[538] Ebd. 213.
[539] Ebd. 214.

exceptional."⁵⁴⁰) Lediglich in den Verhandlungen mit Antiochos III. vor Ausbruch des Krieges habe der Senat Diplomaten ausgewählt, die den König schon aus früheren Verhandlungen kannten.⁵⁴¹) Der einzige, der in den Jahren nach dem Frieden von Apameia als „Ostexperte" angesehen werden könne, sei Ap. Claudius Pulcher. Aber selbst in diesem Fall hatte *Gruen* methodische Bedenken: „The facts are clear, but their meaning can too easily be exaggerated. It is hard to detect, even in this ostensibly best of examples, any consistent policy toward affairs of the East."⁵⁴²) Im übrigen sei der Senat den Ratschlägen des Claudius Pulcher keineswegs immer gefolgt. Gegen die Förderung von Ostspezialisten seitens des Senats spreche auch, daß Politiker, die sich durch Kenntnis der griechischen Sprache und Literatur besonders gut für diplomatische Aufgaben im Osten geeignet hätten, kaum für solche Missionen eingesetzt worden seien.⁵⁴³) Die meisten Gesandten, die in den Osten geschickt wurden, seien nur einmal verwendet worden. *Gruen* folgerte: „It is clear as can be that Rome consciously avoided the creation of anything resembling a professional diplomatic service."⁵⁴⁴) Noch hätten die ehemaligen Offiziere, die im Osten tätig geworden waren, im Senat eine Korporation von „Hellenic lobbyists" gebildet.⁵⁴⁵) Die Folge sei gewesen, daß die römische Politik gegenüber dem Osten weder von Kontinuität noch von einem theoretischen Konzept geprägt gewesen sei.⁵⁴⁶)

Ein anderer in der Forschung häufig behandelter Aspekt ist der Einfluß des Philhellenismus auf die römische Politik. Unter Philhellenismus verstand man herkömmlicherweise eine aus der Wertschätzung für die griechische Kultur erwachsene griechenfreundliche Gesinnung, welche in der politischen Praxis in der Gewährung von Vergünstigungen für Griechen ihren Niederschlag gefunden habe, die über politische Nützlichkeitserwägungen hinausgingen. Solche Vergünstigungen hätten – nach dieser Auffassung – in einem wie auch immer gearteten Verzicht auf die direkte Herrschaft oder in einzelnen Situationen auf die Anwendung der Grausamkeit des Kriegsrechts und rüder Herrschaftspraktiken bestanden. So glaubte z. B. *Theodor Mommsen* die Freiheitserklärung für Griechenland 196 v. Chr. dem Philhellenismus des Flamininus zuschreiben zu können (s. oben S. 20), und *Werner Dahlheim*⁵⁴⁷) wollte hinter der Entscheidung des Senats, in Griechenland nach 146 v. Chr. keine eigenständige Provinz einzurichten (s. oben S. 29), philhellenische Motive erkennen. *Rainer Bernhardt* (s. oben S. 35) führte Freiheitserklärungen für Städte, die keine Verdien-

---

⁵⁴⁰) Ebd. 227.
⁵⁴¹) Ebd. 232.
⁵⁴²) Ebd. 233 f.
⁵⁴³) Ebd. 240.
⁵⁴⁴) Ebd. 244.
⁵⁴⁵) Ebd. 248.
⁵⁴⁶) Ebd. 249.
⁵⁴⁷) *Dahlheim*, Gewalt und Herrschaft, 132.

ste um Rom vorweisen konnten, auf philhellenische Motive der Römer zurück, sofern die betreffenden Städte diese Privilegien nicht mittels Bestechung erlangt hatten. Besonders die humane Haltung Lukulls gegenüber Amisos, Sinope und Mopsuhestia[548]) und die Identifizierung seines Krieges gegen Mithridates mit der Befreiung der Griechen Kleinasiens von der Perserherrschaft durch Alexander d. Gr. sei als ein Höhepunkt philhellenischer Politik in republikanischer Zeit zu werten. In den achtziger Jahren haben sich vor allem *Erich Gruen*[549]) und *Jean-Louis Ferrary*[550]) zu diesem Thema geäußert. *Gruen* schätzte die Bedeutung des Philhellenismus für die römische Politik sehr gering ein. Er wies darauf hin, daß trotz der bereitwilligen Aufnahme der griechisch-hellenistischen Kultur die Zurschaustellung östlicher Lebensformen in der römischen Öffentlichkeit politisch und moralisch diskreditiert war[551]): „Dispite the prevalence of Greek learning among the senatorial aristocracy, it was never quite respectable to be identified as a philhellene."[552]) Selbst in der späten Republik „political aspirants did well to avoid the stigma of aesthete or intellectual".[553]) *Gruen*[554]) zog eine scharfe Trennlinie zwischen dem privaten Philhellenismus (oder Antihellenismus) von Römern und ihrer politischen Einstellung. Der von der *dignitas* diktierte Verhaltenskodex habe dazu geführt, daß auch römische Philhellenen in amtlicher Funktion vor griechischen Versammlungen meistens Latein gesprochen hätten, obwohl sie des Griechischen mächtig gewesen seien. „The divide stood not only beween individual inclination and collective policy, but between sentiment and behaviour."[555]) Dementsprechend erfuhr T. Quinctius Flamininus bei *Gruen* eine andere Beurteilung als bei *Badian* und *Ferrary* (S. 10f., 70): Sein Philhellenismus habe zu keinem Zeitpunkt seine nüchterne römische Interessenpolitik beeinträchtigt.[556]) Die Römer hätten zwischen der Bewunderung für die griechische Kultur und der Verachtung der Griechen keinen Widerspruch gesehen.[557]) Sein Ergebnis lautete: „... the modern construct of Rome's political factions as divided between groups favorable to the Greeks and those committed to a hardline attitude falls to the ground."[558])

Jean-Louis Ferrary begann seine Untersuchung mit der Frage nach Herkunft und Bedeutung des Begriffs φιλέλλην. Er stellte fest, daß keine antike Quelle

---

[548]) *Bernhardt*, Imperium, 134–141.
[549]) *Gruen*, The Hellenistic World, Vol. 1, 250–272.
[550]) *Ferrary*, Philhellénisme, 495–615.
[551]) *Gruen*, The Hellenistic World, Vol. 1, 260–266.
[552]) Ebd. 263.
[553]) Ebd. 265.
[554]) Ebd. 267f.
[555]) Ebd. 268.
[556]) Ebd. 268.
[557]) Ebd. 270.
[558]) Ebd. 271.

Flamininus, die Scipionen, Fulvius Nobilior, Aemilius Paulus oder Lukull als φιλέλλην bezeichnet[559]), sondern daß seit der Mitte des 2. Jahrhunderts v. Chr. einige „Barbaren"-Könige sich dieses Epitheton zulegten.[560]) Weder bei dem Verhältnis zwischen den hellenistischen Monarchen und den griechischen Städten noch bei den römisch-griechischen Beziehungen habe φιλέλλην als offizieller Titel eine Rolle gespielt.[561]) Ursprünglich, bei Herodot und Xenophon, habe das Wort nicht einmal eine kulturelle Bedeutung gehabt, sondern lediglich eine wohlwollende Haltung nicht-griechischer Herrscher gegenüber Griechen beinhaltet, die in Geschenken und anderen „Wohltaten" zum Ausdruck gekommen sei. Erst seit Isokrates sei der Philhellenismus auch mit der griechischen παιδεία in Zusammenhang gebracht worden. Ephoros habe die παιδεία als ein notwendiges Komplement erfolgreicher Herrschaft im Gegensatz zu roher Gewalt angesehen, und nach Auffassung Strabons habe die römische Herrschaft durch die griechische παιδεία eine neue Qualität erhalten, wodurch die Weltherrschaft erst möglich geworden sei.[562])

Cicero (ad Quint. fr. 1, 1, 27.28) fasse παιδεία zusammen mit φιλανθρωπία als *humanitas*, die ein Merkmal der römischen Herrschaft gegenüber allen unterworfenen Völkern sein müsse, zu der die Römer gegenüber den Griechen jedoch in besonderem Maße verpflichtet seien.[563]) Daß Cicero dieses Ethos in einem für die Öffentlichkeit bestimmten Brief äußere, zeige, daß er mit breiter Zustimmung in der römischen Führungsschicht gerechnet habe, doch habe die römische Provinzialverwaltung in der Praxis diesem Ideal oft nicht entsprochen.[564]) Daß das Konzept der *humanitas* nicht von Cicero stammt, sondern von ihm lediglich übernommen wurde, ist in der Forschung unbestritten. *Ferrary*[565]) setzt den Ursprung zwischen dem letzten Viertel des 2. Jahrhunderts und dem beginnenden 1. Jahrhundert v. Chr. an. Die gelegentlich vertretene These von der direkten Anlehnung Ciceros an Panaitios lehnt er jedoch ab.

Dabei ist sich *Ferrary*[566]) bewußt, daß die Römer trotz ihrer Aufgeschlossenheit gegenüber der griechisch-hellenistischen Kultur seit dem 2. Jahrhundert v. Chr. durchaus Vorbehalte gegen einzelne ihrer Wesenszüge, besonders gegen die Gymnasien hatten.

Was die praktische Politik betrifft, so lehnt *Ferrary*, ähnlich wie *Clemente*, die von der älteren prosopographischen Forschung entwickelte Auffassung, es habe im römischen Senat eine fest umrissene philhellenische „Partei" gegeben,

---

[559]) *Ferrary*, Philhellénisme, 498.
[560]) Ebd. 499–504.
[561]) Ebd. 502.
[562]) Ebd. 505–511.
[563]) Ebd. 511 f.; vgl. Plin. d. J. ep. 8,24 (*Bernhardt*, Imperium, 237 f.).
[564]) *Ferrary*, Philhellénisme, 514–516.
[565]) Ebd. 514–516.
[566]) Ebd. 517–526.

grundsätzlich ab[567]): „Il faut renoncer non seulement à l'idée moderne de partis organisés autour d'un programme, mais encore à tout système tendant à réduire l'aristocratie romaine à trois ou quatre grandes factions relativement stables; il faut admettre que la complexité et la mobilité des réseaux d'alliances politiques et matrimoniales ne devaient pas être très dissemblables de ce que nous connaissons mieux pour le dernier siècle de la République, que les lignes de partage, lors des discussions au sein du Sénat, ne se recouvraient pas nécessairement lorsqu'étaient abordés des problèmes différents, et que chaque sénateur éminent conservait jalousement sa liberté d'action: une telle conception de la vie politique romaine devrait également nous aider à aborder sur des bases plus saines un problème comme celui de l'attitude des milieux dirigeants romains face à l'hellénisme."[568]) Es habe in der römischen Führungsschicht des 2. Jahrhunderts v. Chr. keinen Philhellenismus oder Antihellenismus in reiner Form gegeben, sondern beide hätten sich in mehrdeutiger und widersprüchlicher Weise geäußert. Ebenso wie gegen die ältere prosopographische Forschung wendet sich *Ferrary* jedoch gegen die Position von *Gruen*, in der er das entgegengesetzte Extrem sieht, und behauptet, daß es deutliche Unterschiede zwischen den eher philhellenisch und den eher antihellenisch eingestellten römischen Politikern gegeben und der kulturelle Philhellenismus zumindest langfristig politische Auswirkungen gehabt habe.[569])

Ferrary macht einen Unterschied zwischen der antiken und modernen Auffassung von Philhellenismus[570]): Während dieser Begriff heutzutage für die Integrierung griechischer Kulturelemente in die römische Kultur verwendet werde, hätten die Griechen ausschließlich die Bewunderung für die rein griechische Kultur und ihre Schöpfer als solchen gewertet: „... ce que les Grecs du second siècle attendaient d'un aristocrate romain c'était, pour reprendre les mots de Plutarque s'inspirant peutêtre de Posidonius, qu'il fût ,épris de la culture et des lettres grècques au point d'admirer et d'honorer ceux qui s'y illustraient'."[571]) In diesem Sinn könne nicht einmal Flamininus als Philhellene bezeichnet werden, weil sich, wie schon *Ernst Badian*[572]) festgestellt habe, bei ihm kein kulturelles Interesse am Griechentum erkennen lasse.[573]) Der „Philhellenismus" des Flamininus habe lediglich darin bestanden, die römische Suprematie eher auf die Sympathie der Griechen und ihre Dankbarkeit gegenüber den römischen „Befreiern" zu stützen als den herkömmlichen handfesten Mitteln römischer Politik, militärischer Abschreckung und Belohnung verbündeter

---

[567]) Ebd. 528 f.
[568]) Ebd. 529 f.
[569]) Ebd. 530.
[570]) Ebd. 565–572.
[571]) Ebd. 571.
[572]) *Badian*, Titus Quinctius Flamininus, 324.
[573]) *Ferrary*, Philhellénisme, 527.

Staaten, zu vertrauen. Eine weitere Komponente sei das Streben des Flamininus nach *philodoxia* gewesen, womit er sich in eine Reihe mit hellenistischen Königen gestellt habe. Dagegen habe z. B. Scipio Africanus bei seiner Behandlung der Aitoler im Antiochoskrieg keinen Kompromiß zwischen *philodoxia* und römischer Realpolitik geschlossen.

Als echte Philhellenen könnten nach Meinung *Ferrarys* Aemilius Paulus und Scipio Aemilianus gelten. Der erste habe den griechischen Heiligtümern und berühmten Stätten griechischer Kultur demonstrativ seine Referenz erwiesen und die Festivitäten in Amphipolis[574] anläßlich seines Sieges über Perseus nach rein griechischer Art gestaltet. Ähnliche Feiern hätten später Scipio Aemilianus nach seinem Sieg über Karthago, Perperna nach seinem Sieg über Aristonikos und Sulla und Lukull nach ihren Siegen über Mithridates veranstaltet.[575] Andererseits sei Aemilius Paulus für die grausame Bestrafung der Illyrer und Makedonen verantwortlich gewesen.[576] In Delphi habe er das für Perseus begonnene Denkmal auf sich umwidmen und mit einer lateinischen Inschrift versehen lassen, während er sich jedoch bei seinem Umgang mit den Griechen oft der griechischen Sprache bedient habe. Diese Diskrepanz könne nicht (wie *Gruen* meine) mit dem Unterschied zwischen dem privaten Philhellenismus und der von römischen Interessen bestimmten politischen Haltung des Feldherrn erklärt werden, sondern es handele sich um zwei sich ergänzende Seiten öffentlicher Selbstdarstellung: „Les Grecs doivent admettre que l'empire du monde appartient désormais aux Romains, mais se convaincre aussi que ces nouveaux maîtres ne sont pas des barbares; et pour provoquer leur respect, Paul-Émile veut à la fois les effrayer et les séduire, montrer sa force et son charme."[577] Nach Auffassung *Ferrarys* ist also, wie schon der Titel seines Buches ankündigt, der römische Philhellenismus nicht mit einer freiwilligen Beschränkung der römischen Suprematie oder Herrschaft verbunden, sondern ein integrierter Bestandteil des römischen Imperialismus.

Bei der Beurteilung des Philhellenismus des Scipio Aemilianus ist anzumerken, daß die Forschung seit den sechziger Jahren den sogenannten „Scipionenkreis" einer kritischen Analyse unterzogen und ihn weitgehend als eine auf Cicero basierende Legende des 19. Jahrhunderts abgetan hat. *Ferrary*[578] erkennt diese kritische Haltung zwar grundsätzlich als berechtigt an, glaubt aber, daß die Legendenzerstörung etwas zu weit gegangen sei. Scipio sei durchaus als Philhellene anzusehen, und diese Geisteshaltung lasse sich auch in seinem politischen Handeln nachweisen: Nach der Zerstörung Karthagos habe er die einst von Karthagern geraubten Kunstgegenstände aus griechischen Städten Sizi-

---

[574] Speziell zur Siegesfeier in Amphipolis siehe ebd. 560–565.
[575] Ebd. 564 f.
[576] Ebd. 547–553.
[577] Ebd. 559 f.
[578] Ebd. 589–602.

liens diesen zurückgegeben. *Ferrary*[579]) sieht in dieser Geste eine *aemulatio Alexandri*, mit der Scipio den römischen Krieg gegen Karthago in die Reihe der griechisch-karthagischen Auseinandersetzungen stellen und die Sympathie der Griechen gewinnen wollte.

Nach einer weiteren Untersuchung des Verhältnisses zwischen römischen Aristokraten und griechischen Intellektuellen, die als deren Gesprächspartner und Ratgeber tätig waren[580]), kommt *Ferrary*[581]) zu dem Ergebnis, daß der römische Philhellenismus nicht nur ein kulturelles Phänomen gewesen sei, sondern bewirkt habe, daß die Griechen die römische Herrschaft leichter hätten ertragen können.

Fazit: Trotz unterschiedlicher Auffassungen im einzelnen ist in der Forschung in den letzten zwanzig bis dreißig Jahren eine deutlich geringere Einschätzung der kulturellen Auswirkungen der griechischen Welt auf die römische Politik zu konstatieren. Es sollte auch beachtet werden, daß der politische Einfluß, den gerade griechische Städte auf einzelne römische Adlige ausübten, in eine monarchische Richtung zielte, was den republikanischen Prinzipien des Senats zuwider lief und seinen Argwohn geweckt haben muß. Erst als der Senat in der ausgehenden Republik die Kontrolle über die mächtigen Imperatoren verlor, nahm das Gewicht griechisch-hellenistischer Elemente in der römischen Politik spürbar zu.

12. Das Verhältnis zwischen Rom und den griechischen Städten im Spiegel der zeitgenössischen Literatur und die politische Rolle der Philosophenschulen in Athen

Das Scheitern der Versuche Athens und Spartas, sich neben den hellenistischen Großmächten als eigenständige politische Faktoren zu behaupten und wenigstens einen regional begrenzten Teil ihrer früheren hegemonialen Stellung zurückzugewinnen, hatte im 3. Jahrhundert die endgültige Abkehr der erstrangigen Historiographie von beiden Städten zur Folge. Die Atthidographie hörte mit dem Chremonideischen Krieg auf[582]), und Sparta fand anläßlich der Reformen Kleomenes' III. in Phylarchos seinen letzten Bewunderer.[583]) Das Interesse der griechischen Intellektuellen wandte sich den neuen Großmächten zu: den hellenistischen Königreichen und Rom. Daneben blieb jedoch hier und da die traditionelle Lokalgeschichtsschreibung lebendig. Ihre Überreste wären am meisten geeignet, uns Aufschlüsse über die politische Haltung einzelner

---

[579]) Ebd. 578–588.
[580]) Vgl. dazu *Forte*, Rome and the Romans, 136–140.
[581]) *Ferrary*, Philhellénisme, 602–615.
[582]) *Meister*, Die griechische Geschichtsschreibung, 130; *Lendle*, Einführung, 147.
[583]) *Meister*, Die griechische Geschichtsschreibung, 100; *Lendle*, Einführung, 195–202.

Städte gegenüber Rom zu geben, wenn diese Überlieferung reichhaltiger und aussagekräftiger wäre. Die politische Stimmung der Zeit hat sich auch in den Äußerungen von Philosophen, in Wundergeschichten, der Orakelliteratur und gelegentlich in der Poesie artikuliert. Ein Echo griechischer Anschauungen findet sich in römischen Quellen, und griechische Autoren von Polybios bis Dionysios von Halikarnassos vermitteln viel von der römischen Perspektive. Eine vollständige Übersicht bieten die Werke von *Bettie Forte*[584]) und *Erich Gruen*.[585])

In bezug auf das vorliegende Thema stellen sich zwei Fragen: Wie weit sind die Äußerungen der Autoren repräsentativ für die politischen Meinungen in Rom oder in den griechischen Städten? Welche Aussagen sind als prorömisch bzw. antirömisch zu verstehen?

Für *Harald Fuchs*[586]) begann der „geistige Widerstand gegen Rom" mit der von Polybios bekämpften Herabsetzung der Leistungen der Römer durch griechische Autoren, welche die römischen Erfolge der Tyche zuschrieben, und auf höherem Niveau mit der Infragestellung der römischen Anschauungen über die ethischen Grundlagen ihrer Herrschaft durch den Akademiker Karneades während seines Aufenthaltes in Rom 156 v. Chr. Dagegen setzte *Emilio Gabba*[587]) den Streit zwischen prorömischen und antirömischen griechischen Autoren schon mit der Diskussion über die Troja-Nachfolge an. Diejenigen griechischen Autoren, die die Abstammung der Römer von den Trojanern behaupteten, stufte er als prorömisch ein: Diokles von Peparethos, von dem wahrscheinlich Fabius Pictor diese Legende übernommen hat[588]), Hegesianax von Alexandria Troas, Polemon von Ilion und Agathokles von Kyzikos. Nach der Version des Hegesianax sei Aeneas in Thrakien gestorben, aber einige seiner Söhne seien nach Italien gelangt. Romulus und Romus hätten Capua gegründet, Romus auch Rom. Obwohl er im diplomatischen Dienst Antiochos' III. stand, während seine Heimatstadt sich gegen den König militärisch zur Wehr setzte, hält *Gabba* ihn für „piuttosto favorevole ai Romani", was daraus hervorgehe, daß er ihnen die trojanische Abkunft bescheinigt habe. Polemon von Ilion ließ Aeneas über Arkadien nach Italien kommen. Auf Hegesianax oder Polemon führt *Gabba* auch die prorömische Deutung der Prophezeiung der hellespontischen Sibylle (aus Marpessos/Gergithion) über die Fahrt des Aeneas in den Westen zurück. Und aus der gleichen geistigen Richtung sei die Umdeutung von Homer Ilias XX 307–308 als Hinweis auf die römische Weltherrschaft hervorgegangen.[589]) Gemäß der Version des Agathokles von Kyzikos sei Aeneas mit phrygischen

---

[584]) *Forte*, Rome and the Romans.
[585]) *Gruen*, The Hellenistic World, Vol. 1, 316–356.
[586]) *Fuchs*, Der geistige Widerstand, 2–5.
[587]) *Gabba*, Storiografia greca, 625–642.
[588]) Ebd. 632.
[589]) Ebd. 631 f.

Gefolgsleuten und der Tochter des in Asien gebliebenen Askanios namens Rhome in Italien gelandet, und Rhome habe an der Stelle des späteren Rom einen Tempel der *Fides* errichten lassen. Die Phryger habe er mit den Trojanern identifiziert, wobei auch die Beziehungen zwischen Römern und Phrygern anläßlich der Einführung des Kultes der *Magna Mater* in Rom mitgespielt haben könnten. Und die *Fides* habe zu Beginn des 2. Jahrhunderts eine besondere Bedeutung bei der Rechtfertigung der römischen Außenpolitik und speziell des *bellum iustum* gehabt.[590]) Im Gegensatz zu diesen Autoren lehnte Demetrios von Skepsis in seinem Kommentar zum Schiffskatalog der Trojaner in der Ilias die Legende von der Auswanderung der überlebenden Trojaner nach Westen ab. Die Nachfahren der Trojaner hätten sich in Skepsis angesiedelt. Deshalb seien weder die Bürger von Ilion noch die Römer Nachfahren der Trojaner. Der Einfluß des Demetrios von Skepsis sei sowohl bei Polybios als auch bei Strabon zu erkennen.[591]) *Gabba* versteht die Darstellung des Demetrios als antirömische Polemik: Die Römer seien infolge der Leugnung ihres trojanischen Ursprungs den „Barbaren" zugerechnet und gleichzeitig sei die Datierung der Gründung Roms völlig unsicher geworden, was den „barbarischen" Ursprung der Stadt noch unterstrichen habe.[592]) Der Lokalchronik Memnons von Herakleia schreibt *Gabba* eine romfreundliche Tendenz zu.[593])

Gegen die allgemeine Annahme, daß Fabius Pictor sein Geschichtswerk deshalb in Griechisch verfaßt habe, um antirömischen Stimmen in den griechischsprachigen Regionen entgegenzutreten, hat sich *Erich Gruen*[594]) gewandt. Pictor habe für römische Leser geschrieben und sich des Griechischen nur deshalb bedient, weil es vor ihm keine Tradition lateinischer Historiographie gegeben habe. Demzufolge könnte auch seine Übernahme der Legende von der trojanischen Abstammung der Römer nicht in propagandistischer Absicht erfolgt sein.

Doch spätestens seit dem frühen 2. Jahrhundert vor Christus wurde diese Legende ein Teil der römischen Selbstdarstellung im Osten, wie *Jean-Louis Ferrary*[595]) hervorgehoben hat: Flamininus bezeichnete sich auf seinen Weihgeschenken an Delphi als Abkömmling des Aeneas, und im Krieg gegen Antiochos brachten die Heerführer C. Livius Salinator und die Scipionen feierlich Opfer an Athena Ilias dar (Liv. 37, 9, 7; 37, 37, 2, 3; Justin 31, 8, 1–4). Ferner erhielt Ilion 189 v. Chr. von den Römern die Freiheit und eine Vergrößerung seines Territoriums zugestanden (Liv. 38, 39, 10).[596]) Und sogar Lampsakos versuchte aus seiner Nähe zu Ilion politisches Kapital zu schlagen, indem es sich

---

[590]) Ebd. 632.
[591]) Ebd. 630–632.
[592]) Ebd. 633.
[593]) Ebd. 633 f.
[594]) *Gruen*, The Hellenistic World, Vol. 1, 253 f.
[595]) *Ferrary*, Philhellénisme, 223–229.
[596]) *Bernhardt*, Imperium, 66.

bei seiner Bitte um römischen Schutz gegen Antiochos auf seine angebliche Verwandtschaft mit den Römern wegen der gemeinsamen trojanischen Abstammung berief (Syll.³ 591). *Ferrary* bezweifelt, daß die Leugnung der trojanischen Herkunft der Römer durch Demetrios von Skepsis als antirömische Stellungnahme zu werten sei: „Il n'est pas étonnant de voir un Ilien reconnaître une origine troyenne des Romains dont sa cité avait tiré profit, tandis qu'un homme de Skepsis, cité rendue tributaire des Attalides en vertu du sénatus-consulte réglant les affaires d'Asie, rejette cette origine au nom d'une tradition locale, et polémique vivement contre ces voisins trop fortunés qu'étaient les Iliens."[597] Bezüglich der Einschätzung der Version des Hegesianax als romfreundlich ist *Ferrary*, wie andere moderne Autoren, skeptisch.[598] Die von Dionysios von Halikarnassos (1, 4, 2.3) inkriminierten griechischen Autoren, die im Dienst von romfeindlichen Königen schrieben und die Römer unter anderem unter Hinweis auf ihre barbarische und obskure Herkunft schlechtmachten, während die Römer in Wirklichkeit Griechen seien und zu Recht über die Welt herrschten, hält er weniger für Griechen des 2. Jahrhunderts, sondern hauptsächlich für solche, die ihre Werke als Propagandisten Mithridates' VI. verfaßten.[599] Auch die Ablehnung des Aristophanes von Byzanz, aus Homer mittels einer „Konjektur" die Prophezeiung der römischen Weltherrschaft herauszulesen (s. oben S. 90), ist nach Auffassung *Ferrarys* kein Indiz für eine römerfeindliche Einstellung. Das gleiche gelte für die Nichterwähnung der Gründung Roms in den Chronika Apollodors. Und auch in der angeblichen Anspielung des Agatharchides von Knidos auf die imperialistische Habgier der Römer, die in der Forschung in der Regel als Ausdruck antirömischer Stimmung in Alexandria verstanden wird[600], will *Ferrary* eher ein Urteil über die Antriebskräfte der Machtpolitik im allgemeinen erkennen.[601]

Auf die im Werk des Livius wiedergegebene antirömische Propaganda der Aitoler im Vorstadium des Antiochoskrieges hat *Bettie Forte*[602] noch einmal hingewiesen. Diese Propaganda bestand vor allem in einer Abwertung der römischen Freiheitserklärung von 196 v. Chr. als *vanum titulum libertatis* (Liv. 34, 23, 8), mit dem die Römer ihre hegemonialen Absichten verschleiern wollten.[603]

Größere Probleme werfen die in den Mirabilia des Phlegon von Tralleis[604]

---

[597] *Ferrary*, Philhellénisme, 224; vgl. die ähnliche Einschätzung bei *Gruen*, The Hellenistic World, Vol. 1, 328 Anm. 52.
[598] *Ferrary*, Philhellénisme, 225 f.
[599] Ebd. 227–232.
[600] Z. B. bei *Gruen*, The Hellenistic World, Vol. 1, 337.
[601] *Ferrary*, Philhellénisme, 232–236.
[602] *Forte*, Rome and the Romans, 25.
[603] Zur antirömischen Propaganda der Aitoler vgl. *Gruen*, The Hellenistic World, Vol. 1, 326.
[604] FGrHist 257 F 36; *Giannini*, Paradoxographorum, 184–196.

überlieferten und einem Peripatetiker namens Antisthenes zugeschriebenen römerfeindlichen Prophetien auf. War dieser Antisthenes der aus Polybios bekannte rhodische Historiograph des 2. Jahrhunderts oder ein Philosoph gleichen Namens aus dem 1. Jahrhundert v. Chr.? Nach Auffassung von *Harald Fuchs*[605]) handelt es sich bei diesem phantastischen Text um die – wenn auch später überarbeitete – Wiedergabe einer antirömischen Volksstimmung zur Zeit des Antiochoskrieges, die „den Römern mit derber Zurückweisung und siegesgewissem Hohn" entgegentrete. *Bettie Forte*[606]) macht darauf aufmerksam, daß „here for the first time in extant literature appears the threat of divine vengeance upon the Romans for their conquest". Der Anfang gehe wahrscheinlich auf die Aitoler zurück, der spätere Teil, der vom Abzug der Römer aus Asien berichtet, sei vermutlich in Lykien entstanden, der Heimat des Historiographen Antisthenes. *Jörg-Dieter Gauger*[607]) kam nach einer eingehenden Analyse zu dem Schluß, daß die Wundergeschichte des Phlegon aus vier verschiedenen Teilen bestehe, die verschiedene Phasen der römisch-griechischen Beziehungen von 191/90 bis 88 v. Chr. zugeordnet werden müßten. Der Ursprung sei aitolisch, die Endredaktion durch den Peripatetiker Antisthenes erfolgt, in dem *Gauger* einen Anhänger des Mithridates in Athen im politischen Umfeld des Athenion vermutet. *Jean-Louis Ferrary*[608]) bestreitet, wie schon *Maurice Holleaux* es getan hatte, den aitolischen Ausgangspunkt und siedelt die Entstehung der Prophetie in Asien an. Sie habe sich gegen den Plan des Manlius Vulso gerichtet, den Taurus zu überqueren und nach Syrien vorzustoßen.[609]) Die Endredaktion sei nicht im Ersten Mithridatischen Krieg erfolgt, sondern stamme von dem Verfasser der Διαδοχαὶ φιλοσόφων Antisthenes, der gegen Ende des 1. Jahrhunderts v. Chr. vielleicht in Alexandria gelebt habe.[610])

Als Ergebnis seiner „recherche d'une historiographie antiromaine perdue" stellt *Ferrary*[611]) fest, daß die bisherige Forschung die angeblich antirömischen Tendenzen stark übertrieben habe. Bei näherem Hinsehen komme gegenüber der römischen Macht eher eine gewisse Indifferenz zum Vorschein. Es habe zwar durchaus einzelne römerfeindliche Lokalgeschichtsschreiber gegeben. Aber die meisten antirömischen Schriftsteller seien in der Umgebung derjenigen Könige zu suchen, die gegen Rom gekämpft hätten. Ihre Werke seien im wesentlichen verlorengegangen. Zu einem ähnlichen Resümee kommt *Erich Gruen*[612]): „Passionate feelings for or against the Romans do not predominate

---

[605]) *Fuchs*, Der geistige Widerstand, 5–7.
[606]) *Forte*, Rome and the Romans, 42.
[607]) *Gauger*, Phlegon von Tralleis, 225–261.
[608]) *Ferrary*, Philhellénisme, 238–257.
[609]) Ebd. 242.
[610]) Ebd. 257–264.
[611]) Ebd. 263; vgl. 487.
[612]) *Gruen*, The Hellenistic World, Vol. 1, 334.

in the first three decades of the second century. Surprise at Rome's aloofness and indifference would be closer to the mark".

Auch dem oft traktierten Thema der Einstellung des Polybios gegenüber Rom versucht die Forschung neue Aspekte abzugewinnen. Für *Erich Gruen*[613]), der in der römischen Politik keine expansionistischen Absichten erkennen will, hat Polybios den Römern das Streben nach Weltherrschaft zu Unrecht unterstellt. *Jean-Louis Ferrary*[614]) wertet diese Äußerung des Polybios eher als Teil von dessen Argumentation gegen diejenigen griechischen Intellektuellen, die die römischen Erfolge der Tyche zuschrieben. Anders als *Frank Walbank*[615]), *Karl-Ernst Petzold*[616]) und *Erich Gruen*[617]), die meinten, daß Polybios zwischen 167 und 146/45 v. Chr. sein Urteil über die römische Politik zum Negativen hin revidiert und die ursprünglich nicht geplante Fortsetzung seines Werkes über den Untergang des Makedonenreiches hinaus in diesem Sinn verfaßt habe, sieht *Ferrary*[618]) das Motiv für die Weiterführung in dem Bedürfnis des Autors, eine Antwort auf die Klagen der Griechen über die Römer nach dem Achaiischen Krieg zu geben und seine eigene Rolle als Vermittler zwischen Römern und Griechen zu erklären. Soweit erkennbar, sei das Urteil des Polybios über die römische Politik auch in dieser Phase keineswegs schlecht, sondern von dem Bemühen um Ausgewogenheit bestimmt gewesen.[619]) Polybios habe in dem Meinungsstreit, der in Griechenland nach 167 v. Chr. über die römische Politik herrschte, für die römische Seite Partei ergriffen[620]) und nach 146 v. Chr. auch die römische Propaganda von der weiterbestehenden Freiheit Griechenlands (s. oben S. 30) akzeptiert.[621]) Polybios sei ein Anhänger der von der Römern 194 v. Chr. in Thessalien, 168 v. Chr. in Makedonien und 146 v. Chr. in Achaia eingeführten oligarchischen Ordnung gewesen, wie *Ferrary* (s. oben S. 52) sie versteht: „Renforcement du rôle des Conseils, institution d'une qualification censitaire pour l'accès aux magistratures et peutêtre aux Conseils".[622]) Während *Bettie Forte*[623]) und *Rainer Bernhardt*[624]) in Polybios eher einen prorömischen Außenseiter sahen, dessen An-

---

[613]) Ebd. 278 f.
[614]) *Ferrary*, Philhellénisme, 265.
[615]) *Walbank*, Political Morality, 4; ders., Polybius, 168.
[616]) *Petzold*, Studien zur Methode des Polybios, 34–100.
[617]) *Gruen*, The Hellenistic World, Vol. 1, 346–351.
[618]) *Ferrary*, Philhellénisme, 288–291.
[619]) Ebd. 306–318; vgl. *Zecchini*, Polybios, 219–232.
[620]) *Ferrary*, Philhellénisme, 343.
[621]) Ebd. 345.
[622]) Ebd. 347.
[623]) *Forte*, Rome and the Romans, 80: „Polybius was by no means a typical Greek of his time. He knew and admired the Romans, Rome and Rome's imperial ambition."
[624]) *Bernhardt*, Polis, 258: „Polybios entstammte zwar der politischen und sozialen Oberschicht, doch ist sein Werk, auch wenn er letzten Endes Achaier geblieben ist, von Erfahrungen geprägt, die die griechische Oberschicht in ihrer Majorität niemals machen konnte:

sichten nicht repräsentativ für die Stimmung in den griechischen Städten, ja nicht einmal für die Mehrheit der Oberschicht gewesen seien, wird Polybios bei *Ferrary* zum typischen Vertreter der griechischen Aristokratie, die sich von der römischen Herrschaft eine Garantie ihrer politischen und sozialen Stellung versprochen habe.[625] Polybios habe sich mit seinem Werk gleichermaßen an Römer und Griechen gewandt: an die Römer mit der Forderung, ihre Herrschaft mit Mäßigung und Zurückhaltung auszuüben, an die griechische Oberschicht mit der Mahnung, den verbliebenen politischen Spielraum nicht durch kurzsichtige innenpolitische Machtkämpfe untereinander einzuschränken.[626] Somit habe Polybios die theoretische Basis für das politische Zusammengehen zwischen römischer und griechischer Oberschicht formuliert und sei als Vorläufer Plutarchs anzusehen.[627] „Son oeuvre reflète bien les inquiétudes et les aspirations diverses de ses contemporains. De l'hégémonie romaine, il attend qu'elle garantisse l'ordre social, mais aussi qu'elle résiste autant que possible à la tentation de la *philarchia* et de la tyrannie, directe ou indirecte, qu'elle conserve vis-à-vis les peuples sujets une salutaire modération. Et c'est là, il en avertit les maîtres du monde, une condition fondamentale de sa durée."[628] Polybios habe also nachzuweisen versucht, daß die Herrschaft der Römer, wenn sie in vernünftiger Weise ausgeübt würde, und wenn die griechische Oberschicht ihre lokalen Führungsaufgaben in vernünftiger Weise wahrnähme, für beide Seiten, Herrschende und Beherrschte, von Nutzen sei. Das Bedürfnis, die römische Herrschaft über diesen utilitaristischen Standpunkt hinaus ethisch zu rechtfertigen, habe er nicht empfunden, weil für ihn das Streben nach Herrschaft zum Wesen des Menschen und der Staaten gehört habe.[629]

Wie Polybios als Geschichtsschreiber, so hat sich nach Meinung *Ferrarys*[630] Panaitios als Philosoph mit seinem Traktat Περὶ τοῦ καθήκοντος gleichermaßen an die griechische und an die römische Oberschicht gewandt. *Ferrary*[631] stimmt einer These *Arnaldo Momiglianos*[632] zu, „que ‚le désir de Panétius, comme celui de Polybe, était d'encourager ceux qu'il considérait comme les Romains les plus influents et en même temps les mieux disposés à ne pas abuser de leur pouvoir' ". Doch im Unterschied zu dem pragmatischen Historiographen habe er sich um eine ethische Grundlage der römischen Herr-

---

von einem langen Aufenthalt in Rom und insbesondere sehr engen Kontakten zur römischen Nobilität. Daher dürfen wir annehmen, daß seine Distanz zu den griechischen Verhältnissen weit größer gewesen ist als die seiner Standesgenossen."
[625] Vgl. *Ferrary,* Philhellénisme, 488: Die Römer garantierten „un ordre social fragile".
[626] Ebd. 347.
[627] Ebd. 492.
[628] Ebd. 348.
[629] Ebd. 349f.
[630] Ebd. 400.
[631] Ebd. 423.
[632] *Momigliano,* Alien Wisdom, 32.

schaft bemüht, wobei er freilich zugleich zu zeigen versucht habe, daß die geschichtliche Erfahrung lehre, daß der utilitaristische und der ethische Standpunkt wenigstens langfristig miteinander im Einklang stünden. Diese Theorie dürfe jedoch nicht mit einer Rechtfertigung der römischen Expansion gleichgesetzt werden.[633])

Die häufige Einschätzung der Akademiker als geistige Oppositionsbewegung gegen Rom teilen *Gruen* und *Ferrary* nicht. Für *Gruen*[634]) hat die Rede des Karneades in Rom (s. oben S. 90) keine antirömischen Untertöne, und *Ferrary*[635]) meint, daß die Akademie wenigstens seit Kleitomachos, dem Nachfolger des Karneades als Schulhaupt, eine prorömische Haltung eingenommen habe, wozu auch die Übersiedlung des Philon von Larisa von Athen nach Rom während des Ersten Mithridatischen Krieges passe.[636])

Die in der Forschung oft hervorgehobene Bedeutung der politischen Rolle der Philosophenschulen in Athen im Ersten Mithridatischen Krieg sieht *Ferrary*[637]) in einem anderen Licht. Herrschte bisher die Meinung vor, daß der Tyrann Medeios sie schließen ließ, um jegliche politische Opposition zu unterdrücken, so interpretiert *Ferrary* deren „Schweigen" als einen langsamen Niedergang, der ohne äußere Einwirkung eingetreten sei[638]): „... Athènes était en train de perdre irrémédiablement son rôle de capitale philosophique".[639]) Zu Beginn des Ersten Mithridatischen Krieges habe nur noch die Schule Epikurs in vollem Umfang existiert, die Akademie sei geschwächt, die Stoa auf zweitklassiges Niveau herabgesunken und der Peripatos praktisch nicht mehr vorhanden gewesen. Der Schwerpunkt der philosophischen Lehrtätigkeit habe sich schon seit der zweiten Hälfte des 4. Jahrhunderts und erst recht seit den militärischen Interventionen der Römer in Griechenland und dem Niedergang der hellenistischen Monarchien in die Städte Kleinasiens verlagert, wo mehr materieller Reichtum und ein größeres Maß an städtischer Unabhängigkeit vorhanden gewesen seien.[640]) Dementsprechend veranschlagt *Ferrary*[641]) die politische Rolle der Philosophenschulen in Athen im Ersten Mithridatischen Krieg nicht sonderlich hoch. Die angebliche Bedeutung der Peripatetiker beim Widerstand gegen Rom beruhe auf der verzerrenden Polemik des Poseidonios. Auch die angeblich antirömische Position der Epikuräer sei politisch unbedeutend gewesen.[642]) Die philosophischen Richtungen seien politisch weder im pro- noch im

---

[633]) *Ferrary,* Philhellénisme, 424 f.
[634]) *Gruen,* The Hellenistic World, Vol. 1, 342.
[635]) *Ferrary,* Philhellénisme, 425.
[636]) Ebd. 433.
[637]) Ebd. 435–486.
[638]) Ebd. 442 f.
[639]) Ebd. 444; vgl. 471.
[640]) Ebd. 469–471.
[641]) Ebd. 476 f.; vgl. 487 f.
[642]) Ebd. 482.

antirömischen Sinn festgelegt gewesen: „Ni les écoles philosophiques ni celles des rhéteurs ne nous paraissent avoir été, de manière générale, des foyers d'opposition aux Romains".[643])

Die bekannte Einstellung des Poseidonios gegenüber Rom wird in einem kurzen Abriß bei *Bettie Forte*[644]) referiert. Die Kommentare von *Willy Theiler*[645]) und *Ian Kidd*[646]) sowie der von *Jürgen Malitz*[647]) unternommene Versuch der Rekonstruktion der Historien aus den Fragmenten bringen für das hier zu behandelnde Thema nichts wesentlich Neues. *Malitz*[648]) hält die Historien für das erste bedeutende Werk in griechischer Sprache, das nach Beginn des Ersten Mithridatischen Krieges gegen den König und für die Römer Partei ergriff. *Jean-Louis Ferrary*[649]) sieht in Poseidonios den Vertreter der gleichen Konzeption wie Polybios.

Ähnlich beurteilt *François Lasserre*[650]) Strabon und schreibt ihm eine doppelte Loyalität zu: „patriotisme local", nicht ohne eine gewisse „nostalgie de liberté", und „vénération de Rome".[651])

Rainer Bernhardt[652]) bezweifelt, daß die überlieferten pro- oder antirömischen Quellen als repräsentativ für griechische Städte gelten können: Die Oracula Sibyllina seien in erster Linie ein Produkt der apokalyptischen Vorstellungswelt des Judentums und hätten ebensowenig wie andere Orakel, die im Osten kursierten, bei den Griechen zu einer dauerhaften geistigen Position gegen die opportunistische Hinnahme der römischen Herrschaft geführt; Poseidonios habe schon wegen seiner auf die Oikumene bezogenen universalistischen Konzeption nicht, wie die Lokalhistoriker, die Interessen der Polis vertreten, sondern für ein moralisch erneuertes Rom als Ordnungsmacht plädiert; und Strabon stamme aus einer Familie, die im Dienst des Königs von Pontos gestanden, aber nicht städtische Politik betrieben habe; bei Timagenes, der ohnehin aus einer ptolemäischen Beamtenfamilie stamme, sei fraglich, wieweit seine von einem Teil der Forschung als antirömisch eingestuften Äußerungen wirklich römerfeindlich seien.

Den Hymnus der Dichterin Melinno auf Rom will *Bettie Forte*[653]) auf die Rückgabe der *libertas* an Mytilene durch Pompeius beziehen. *Erich Gruen*[654])

---

[643]) Ebd. 485.
[644]) *Forte,* Rome and the Romans, 137–140; Übersicht über die Poseidonios-Forschung bei *Alonso-Núñez,* Die Weltgeschichte des Poseidonios, 87–108.
[645]) *Theiler,* Poseidonios. Die Fragmente.
[646]) *Kidd,* Poseidonius, II. The Commentary.
[647]) *Malitz,* Die Historien des Poseidonios.
[648]) Ebd. 326.
[649]) *Ferrary,* Philhellénisme, 490–494.
[650]) *Lasserre,* Strabon, 867–896.
[651]) Ebd. 896.
[652]) *Bernhardt,* Polis, 257–262.
[653]) *Forte,* Rome and the Romans, 135.
[654]) *Gruen,* The Hellenistic World, Vol. 1, 337.

datiert ihn in die Zeit vor dem Ersten Mithridatischen Krieg, *Jörg-Dieter Gauger*[655]) in die Zeit des frühen Prinzipats, *Jean-Louis Ferrary*[656]) läßt zwar Ort und Entstehungszeit offen, kommt aber zu einem ähnlichen Ergebnis wie *Gauger*: Die bei Melinno den Römern von der Moira gegebene ewige Herrschaft erinnere eher an die Auffassung Vergils als an die Konzeption des Polybios.

Als Ergebnis ist festzustellen, daß der „geistige Widerstand" gegen Rom, soweit er von den Städten ausging, nicht mehr so klar erkennbar ist, wie man es seit *Harald Fuchs* gewohnt war; auf der anderen Seite bleibt weiterhin umstritten, ob die prorömischen Autoren wirklich repräsentativ für die Meinung wenigstens der griechischen und römischen Oberschicht sind oder ob sie nicht eher Vorstellungen entwickelt haben, die allenfalls denen einer Minderheit entsprachen und für die sie bei den politisch führenden Kreisen werben wollten. *Erich Gruen* will von einer Einteilung in pro- oder antirömische Autoren nichts wissen, sondern betont die Ratlosigkeit der griechischen Autoren bei der Beurteilung Roms: „Hatred there was – also admiration, fear, gratitude, anger, disappointment, and, above all, confusion. There was no image of Rome in Greece, rather a succession of images coming in and out of focus ... the Romans did not articulate the process of empire. And each time the Greeks felt they had a grasp on it they found it slip through their fingers"[657]), ein Phänomen, das auch dem modernen Forscher nur allzu gut bekannt ist.

---

[655]) *Gauger*, Der Rom-Hymnus, 267–299.
[656]) *Ferrary*, Philhellénisme, 268–271.
[657]) *Gruen*, The Hellenistic World, Vol. 1, 356.

II. Tendenzen der Forschung

Die vorangegangene Übersicht machte deutlich, daß trotz der Vielzahl kontroverser Ansätze die Tendenz besteht, die einseitige römische Perspektive zu überwinden und den griechischen Städten bei der Gestaltung der römisch-griechischen Beziehungen mehr Gewicht beizumessen. Die herkömmliche These vom Untergang der Polis macht zunehmend der Erkenntnis Platz, daß sie auch unter römischer Herrschaft als vitale politische Einheit weiterbestand. Die Entstehung der römischen Suprematie und Provinzialherrschaft wird jetzt eher als ein wechselseitiger Prozeß begriffen, auf den die Poleis inhaltlich und formal einen beträchtlichen Einfluß nahmen.

Schon bei der Frage nach dem Beginn der politischen Beziehungen zwischen Rom und den griechischen Städten des Ostens ist erneut die Vermutung in die Diskussion gebracht worden, daß die Initiative von den Griechen ausging und daß sie – wenn auch vergeblich – schon vor 229 v. Chr. versucht haben könnten, die römische Militärmacht in ihre Konflikte miteinzubeziehen. Ob der entscheidende Anstoß auch im Ersten Illyrischen Krieg von den Griechen östlich der Adria oder von denen Unteritaliens kam, wird nach wie vor unterschiedlich beurteilt.

Im Mittelpunkt der Forschungskontroverse steht die Frage, ob, ab wann und in welcher Form die Römer nach ihrem militärischen Eingreifen eine permanente Suprematie bzw. Herrschaft anstrebten, ferner, ob und unter welchen Bedingungen die griechischen Städte bereit waren, diese zu akzeptieren.

Die ältere These, daß die Römer von 229/28 v. Chr. an ihre Suprematie östlich der Adria in die juristische Form prekärer Freiheitserklärungen gefaßt hätten, kann als obsolet gelten. Wer weiterhin eine juristische Grundlage annimmt, sieht sie meistens in der *amicitia et societas* (s. unten S. 101). Aber auch die Theorie *Ernst Badians*, daß die Beziehungen Roms zu seinen politischen Juniorpartnern von der Vorstellung eines Klientelverhältnisses geprägt gewesen seien und deshalb einer juristischen Formalisierung nicht bedurft hätten, findet weiterhin Anhänger. Nach dieser Auffassung hätten die Römer den Griechen nur die durch moralische Verpflichtungen eingeschränkte „Freiheit" von „Klientelstaaten" verliehen, während für diese der Begriff „Freiheit" Gleichberechtigung impliziert habe. Das daraus entstandene „Mißverständnis" sei erst allmählich überwunden worden, als Rom die Griechen schließlich zur Resignation gezwungen habe. Anders *Jean-Louis Ferrary*, der an eine juristische Fixierung der römischen Herrschaft über die Städte an der illyrischen Küste schon seit 229/28 v. Chr. glaubt, während die Römer ihre Hegemonie über Griechenland seit 196 v. Chr. lediglich auf propagandistisch postulierte gemeinsame Interessen gegenüber den großen hellenistischen Monarchien und auf die Pflicht der Griechen zur Dankbarkeit gegründet hätten, die ein traditionelles Element der griechischen wie der römischen Politik gewesen sei. Auf diese Weise seien die Freiheitserklärungen zugleich ein Instrument hegemonialer Bestrebungen Roms gewesen, ohne daß spezifisch römische Vorstellungen den Griechen oktroyiert worden seien. Die radikale Gegenposition nimmt *Erich Gruen* ein, der jegliche Ambitionen Roms auf eine Hegemonialzone östlich der Adria leugnet. Rom sei von den griechischen Staaten eher in deren Kämpfe hineingezogen und für deren Zwecke benutzt worden. *Robert Kallet-Marx* nimmt zwar ab 168 v. Chr. eine römische Hegemonie über den griechischen Osten an, doch sei eine wirkliche Provinzialverwaltung erst nach dem Ersten Mithridatischen Krieg entstanden. Die meisten Forscher setzen den Beginn der römischen Suprematie, in welcher Form auch immer, zu verschiedenen Zeitpunkten zwischen 229 und 168 v. Chr. an und den Anfang der Provinzialherrschaft 148/46 v. Chr.

Diejenigen Gelehrten, die die römische Suprematie möglichst früh beginnen lassen, haben die Neigung, den Römern eine relativ geradlinige Politik über einen größeren Zeitraum hinweg zu unterstellen, während diejenigen, die römische Hegemonialabsichten in Abrede stellen oder erst spät erkennen wollen, die römische Außenpolitik im Osten als pragmatisch und konzeptionslos einschätzen. Die aus der prosopographischen Forschung hervorgegangene Vorstellung, daß die römische Politik von bestimmten Gruppen senatorischer „Ostexperten" gesteuert worden sei, wird von der neueren Forschung nicht mehr geteilt. Vielmehr sei die Meinungsbildung im Senat von stets wechselnden Koalitionen senatorischer Familien und die öffentliche Meinung auch von verschiedenen Gruppen außerhalb des Senats bestimmt worden, so daß sich die Frage nach der Kontinuität bzw. Diskontinuität der römischen Politik neu stellt.

Eine Klärung der politischen Funktion des Philhellenismus in der römischen Senatorenschicht versuchten *Erich Gruen* und *Jean-Louis Ferrary*. Während *Gruen* ihn als ein kulturelles Phänomen ohne politische Auswirkungen versteht, sieht *Ferrary* in ihm ein langfristiges Konzept zur Integration des Griechentums in das römische Reich: Die Römer hätten die kulturelle Sonderstellung der Griechen respektiert und im Gegenzug die Anerkennung ihrer Suprematie bzw. Herrschaft erwartet.

Bei dem Versuch, die Art der römisch-griechischen Beziehungen aus den äußeren Formen herzuleiten, stellt sich das Problem der inhaltlichen Mehrdeutigkeit der Terminologie. Welche Unterschiede bestanden beispielsweise zwischen ἐλευθερία und *libertas*, zwischen φιλία und *amicitia*, was bedeutete συμμαχία in den einzelnen Fällen? Wurden diese Begriffe in den verschiedenen Phasen des römisch-griechischen Verhältnisses oder in verschiedenen Situationen von der einen oder anderen Seite unterschiedlich interpretiert?

In der Forschung hat die Bereitschaft zugenommen, den *foedera* in der römischen Ostpolitik wieder größere Bedeutung zuzuschreiben, am meisten bei *Adrian Sherwin-White*, der im *foedus* bis zum Ende des Ersten Mithridatischen Krieges die übliche Bündnisform zwischen Rom und den östlichen Staaten sehen wollte. Um so schwerer ist die Frage zu beantworten, wie die einzelnen *foedera* einzustufen sind, zumal bei etlichen die Initiative zum Abschluß des Bündnisses von der griechischen Seite ausging. Hatte der Unterschied zwischen einem *foedus aequum* oder *iniquum* eine praktische Bedeutung? Gibt der Inhalt des Vertragstextes, soweit erhalten, nähere Aufschlüsse, oder handelte es sich dabei nur um anachronistische Schemata, die über den Sinn des Bündnisses wenig aussagen? Hatten die *foedera* neben dem politischen irgendeinen militärischen Wert? Während *Nicholas Hammond* und *Jean-Louis Ferrary* sich weiter um eine formalistische Interpretation bemühen, hält *Erich Gruen* diese für bedeutungslos und will ganz allgemein in den *foedera* im Osten kein Indiz für eine römische Suprematie sehen.

Bei den römischen Freiheitserklärungen ist die Herkunft des Freiheitsbegriffs umstritten, der ihnen zugrunde lag: Ist er spezifisch römisch (so z. B. *Ernst Badian*) oder hat er einen griechischen Ursprung und wurde von den Römern übernommen (so z. B. *Jean-Louis Ferrary* und *Erich Gruen*). Der Anstoß zur Freiheitserklärung von 196 v. Chr. wird in jüngster Zeit nicht mehr, wie bisher, Flamininus, sondern dem achaiischen Politiker Aristainos zugeschrieben (*Arthur Eckstein, Karl-Ernst Petzold*). Daß die gesamte Prozedur an griechische Vorbilder anknüpfte, war nie zweifelhaft. Die Frage ist, wie weit die griechische Form mit römischem Inhalt gefüllt wurde und ob dies in verschiedenen Phasen der römischen Politik unterschiedlich war (so *Rainer Bernhardt*).

Das gleiche gilt für die *amicitia (et societas)*. Für diejenigen Forscher, die die Ansicht vertreten, daß die Römer diesen Begriff von Anfang an (*Dietmar Kienast; William Harris*) oder später (*Werner Dahlheim*) nach ihren eigenen Interessen inhaltlich festlegten, ist die *amicitia (et societas)* die juristische Grundlage der römischen Suprematie bzw. Herrschaft. *Adrian Sherwin-White* wollte die *amicitia et societas* sogar in die Nähe des *foedus* rücken. Dagegen versuchte *Erich Gruen* nachzuweisen, daß es sich nur um die Übernahme der weitgehend inhaltsleeren griechischen φιλία (καὶ συμμαχία) gehandelt habe, die juristisch bedeutungslos gewesen sei.

Über die Entstehung der *civitates liberae* im technischen Sinn gibt es weiterhin verschiedene Meinungen, doch geht eine starke Tendenz dahin, sie im Osten ins späte 2. Jahrhundert v. Chr. zu datieren und diese privilegierten Städte als rechtlich abgesicherte Exklaven in römischen Provinzen zu definieren (*Rainer Bernhardt, Jean-Louis Ferrary*).

Das theoretische Fundament der *civitates stipendiariae* und somit der römischen Provinzialherrschaft ist weiterhin ungeklärt: Hatten sie nur eine tolerierte Selbstverwaltung ohne rechtliche Grundlage (*Werner Dahlheim*), war ihre

„Freiheit" lediglich römische Propaganda im Sinne von Freiheit von Tyrannis (= „Demokratie") (*Jean-Louis Ferrary*), oder basierte ihre Stellung auf der *amicitia et societas* (*Dietmar Kienast*)?

Bei der kultischen Verehrung Roms (*Roma*- und *Demos Romaion*-Kult) seitens der griechischen Städte ist man sich einig, daß sie im Osten ihre geistige Wurzel hatte und mehr politischen als religiösen Charakter trug (*Ronald Mellor*), wobei *Carla Fayer* die religiöse Komponente stärker hervorhebt als *Mellor*. Eine wichtige neue Erkenntnis ist es, daß in der frühen Phase der Anlaß nicht die Erwartung römischer Unterstützung, sondern der Dank für bereits empfangene römische „Wohltaten" war (*Malcolm Errington*). Später war sie eine allgemeine Loyalitätsbekundung, die über das wirkliche Verhältnis einer Stadt zu Rom nichts aussagt. Ein aufschlußreiches Forschungsergebnis ist es auch, daß die Städte den Statthalterkult auf eine Stufe mit dem für verdiente Bürger stellten (*Klaus Tuchelt*) und nur besonders mächtigen Imperatoren königliche Ehrungen zuerkannten, und daß wenigstens in Asia die *Euergetes*- und *Soter*-Ehrungen sowie Statuen für römische Provinzialbeamte erst seit den sechziger Jahren des 1. Jahrhunderts v. Chr. häufiger wurden. Die Städte zeigten also bei ihren Ehrungen für Römer mehr Zurückhaltung als man bisher glaubte.

Auch die weit verbreitete Auffassung, daß die Klientelverhältnisse zwischen römischen Aristokraten und griechischen Städten ein wesentlicher Stabilisierungsfaktor der römischen Suprematie und Herrschaft gewesen seien, ist in Frage gestellt worden. Nach Ansicht von *Erich Gruen* waren diese Beziehungen ihrem Ursprung und Wesen nach griechisch und begründeten kein Gefolgschaftsverhältnis. Die Entdeckung, daß das Wort πάτρων im griechischen Osten nicht vor dem Beginn der römischen Provinzialherrschaft in Gebrauch kam (*G. Chiranky*), deutet darauf hin, daß die römische Vorstellung von der *clientela* erst in diesem Stadium in der griechischen Welt Verbreitung fand. Selbst dann war sie nach Meinung von *Rainer Bernhardt* für die Städte lediglich ein Mittel, um ihre Interessen in Rom effektiver vertreten zu können, bewirkten aber keine festeren Bindungen an das römische Reich.

Seit dem 19. Jahrhundert war es geradezu *communis opinio*, daß ein indirektes römisches Herrschaftsmittel Eingriffe in die Verfassungen und in das Sozialgefüge der Poleis gewesen seien. Die Voraussetzung dafür seien heftige soziale Konflikte innerhalb der Polis gewesen, wobei die soziale Oberschicht eine Verfassungsänderung in oligarchischer Richtung als Repressionsinstrument gegen die unteren sozialen Schichten angestrebt habe. In der neueren Forschung zeichnen sich vier Positionen zur inneren Entwicklung der Polis ab: 1. Im frühen 2. Jahrhundert v. Chr. sei eine scharfe Zäsur erkennbar: Die soziale Oberschicht der Polis habe sich zu einer von der übrigen Bürgerschaft abgehobenen aristokratischen Klasse entwickelt (*Susan Alcock*; *Philippe Gauthier*); 2. In den kleinasiatischen Städten sei die Herausbildung von schwerreichen Magnaten aus der städtischen Oberschicht an der Wende vom 2. zum 1. Jahrhundert v. Chr. zu beobachten (*Adrian Sherwin-White*); welche Konsequenzen sich daraus für den inneren Zustand der Polis ergaben, bleibt offen; 3. Die Aristokratisierung der Oberschicht sei ein sozialer Prozeß von mehreren hundert Jahren gewesen, der im späten 4. Jahrhundert v. Chr. begonnen und sich bis in die Zeit der römischen Provinzialherrschaft kontinuierlich hingezogen habe (*Friedemann Quaß*); 4. Die Aristokratisierung der sozialen Oberschicht habe nie stattgefunden, die politisch führenden Familien hätten sich nicht auf Standesprivilegien, sondern, wie schon in klassischer Zeit, weiterhin auf das Vertrauen und die Zustimmung der gesamten Bürgerschaft gestützt (*Christian Habicht*).

Der vorerst letzte Versuch, seit dem frühen 2. Jahrhundert v. Chr. römische Eingriffe in die griechischen Verfassungen zwecks Modifizierung im oligarchischen Sinn nachzuweisen, stammt von *Jean-Louis Ferrary*. Die meisten Forscher kommen indessen zu dem Ergebnis, daß sich solche Maßnahmen auf römischer Seite – abgesehen von einigen Städtegründungen unter Sulla und Pompeius – nicht belegen lassen. Auch die traditionelle These, daß die Römer die griechische Oberschicht vor revolutionären Gefahren bewahrt und – mit Ausnahme einer kurzen Phase nach 168 v. Chr. – die brüchige Sozialstruktur in den griechischen Städten von außen gestützt hätten (so *Werner Dahlheim*; *Jean-Louis Ferrary*), wird von einem Teil der neueren Forschung (*Rainer Bernhardt*; *Erich Gruen*; *Robert Kallet-Marx*) abgelehnt: Die griechische Oberschicht sei trotz mancher sozialen Spannungen in den Städten durchaus in der Lage gewesen, ihre Position ohne römische Unterstützung zu behaupten. Wenn man diese Beurteilung akzeptiert, braucht man nicht mehr anzunehmen, die Mehrheit der griechischen Oberschicht habe sich aus Furcht vor politischen und sozialen Umwälzungen in die Arme der Römer geflüchtet. *Erich Gruen* hob hervor, daß die römische Deportierung der (angeblichen) Romgegner nach 168 v. Chr. auf Anstiften von deren örtlichen politischen Rivalen aus der griechischen Oberschicht erfolgt sei. Die Auffassung, daß nach 168 v. Chr. nur noch prorömische Politiker in den Städten amtiert und jeder weitere Widerstand gegen Rom bis zum Ersten Mithridatischen Krieg von den unteren sozialen Schichten ausgegangen sei (*Werner Dahlheim*; *Jürgen Deininger*), wird von den meisten Forschern nicht geteilt. Widerspruch fand auch die Behauptung *Werner Dahlheims*, daß die Römer seit der ausgehenden Republik mittels Verleihung des römischen Bürgerrechts an große Teile der griechischen Oberschicht die Polis als politische und soziale Einheit bewußt gesprengt und dadurch die Loyalität dieser Gruppe gegenüber Rom entscheidend gefördert hätten.

Was die Provinzialverwaltung betrifft, so ist deutlich geworden, daß die Römer mehr einheimische Verwaltungseinrichtungen und -traditionen übernommen haben als bisher bekannt war (*Walter Ameling*; *Helmut Engelmann/Dieter Knibbe*; *Christian Mileta*). Umstritten ist nach wie vor die Abgrenzung der statthalterlichen von der städtischen Gerichtsbarkeit (*Rainer Bernhardt*; *Andrew Lintott*) sowie das Ausmaß der Privilegien der Freistädte (*Rainer Bernhardt*; *Jean-Louis Ferrary*; *Leo Peppe*).

Haben die griechischen Städte die römische Herrschaft begrüßt oder sie wenigstens resignierend hingenommen? Oder haben sie sich der römischen Macht nur widerstrebend gebeugt und auf eine Gelegenheit zum Aufstand gewartet? Rückschlüsse lassen sich aus dem Verhalten der Städte und aus Äußerungen in literarischen Quellen ziehen, die die allgemeine Stimmung in den Städten wiedergeben. Aus dem Verhalten der Städte gewann *Rainer Bernhardt* den Eindruck, daß sie aus eigener Initiative nur dann Widerstand gegen Rom leisteten, wenn Aussicht auf Wiedergewinnung der Unabhängigkeit bestand; daß sie jedoch eher zur römischen Seite tendierten, wenn sie sich lediglich zwischen der römischen Herrschaft und der einer anderen Macht entscheiden konnten, weil ihr Respekt vor dem römischen Militärpotential größer war und die locker gefügte römische Provinzialherrschaft ihnen in der Regel einen größeren innenpolitischen Spielraum ließ. Im Kern sei die Haltung der Städte bei der Entscheidung zwischen Rom und einer anderen Macht neutral gewesen, weil die Städte jede Art von Fremdherrschaft abgelehnt hätten, jedoch bereit gewesen seien, sich mit ihr zu arrangieren.

Eine Neubewertung der literarischen Quellen hatte zum Ergebnis, daß der „geistige Widerstand" (*Harald Fuchs*; *Emilio Gabba*) erheblich geringer war, als man bisher glaubte. *Erich Gruen* will bis zum Jahr 168 v. Chr. eine ausgesprochen indifferente Haltung gegenüber Rom erkennen; erst dann habe die Ablehnung zugenommen. *Jean-Louis Ferrary* will diese Indifferenz auch nach 168 noch feststellen, während nach dem Beginn der römischen Provinzialherrschaft sogar die prorömischen Stimmen dominiert hätten. *Rainer Bernhardt* bezweifelte, daß diese prorömischen Äußerungen für die Städte repräsentativ seien.

Mit dem Verhalten der Städte unter der römischen Provinzialherrschaft haben sich hauptsächlich *Rainer Bernhardt* und *Friedemann Quaß* beschäftigt. *Bernhardt* versuchte zu zeigen, daß sich die Städte mit ständigen Beschwerden in Rom, mit passivem Widerstand und sogar gelegentlich lokalem Aufruhr gegen die Mißstände unter der römischen Herrschaft zur Wehr setzten, sich zugleich aber als unfähig erwiesen, die Schwächen ihrer Selbstverwaltung zu beheben, und die Römer zu mehr Eingriffen in ihre inneren Verhältnisse veranlaßten als es das grobmaschige System der römischen Provinzialverwaltung eigentlich vorsah. Ein weiteres Ziel der Städte sei die Erwerbung von Privilegien gewesen. Privilegierte Städte hätten allerdings keine größere Loyalität gegenüber dem römischen Reich entwickelt als andere. Die in der Forschung gängige schematische Vorstellung, daß die privilegierten sozialen Schichten in allen Städten und die privilegierten Städte insgesamt Stützpfeiler der römischen Herrschaft gewesen seien, werde der Realität nicht gerecht. Die Poleis hätten ihr Dasein unter römischer Herrschaft als geradlinige Fortsetzung ihrer Stadtgeschichte verstanden. *Friedemann Quaß* hob besonders ihre diplomatischen Kontakte zu Monarchen außerhalb des römischen Reiches hervor. Wenn die römische Kontrolle vorübergehend nachließ, wie es gelegentlich in römischen Bürgerkriegen der Fall war, fochten manche Städte sogar Konflikte aus vorrömischer Zeit mit Nachbarstädten erneut gewaltsam aus (*Rainer Bernhardt*).

Auf die Teilnahme ortsansässiger Römer am öffentlichen Leben der Städte hat die Forschung in jüngster Zeit verstärkt aufmerksam gemacht (*Malcolm Errington*; *Christian Habicht*). Einen bestimmenden politischen Einfluß scheinen sie jedoch nicht gewonnen zu haben (*Rainer Bernhardt*).

Rainer Bernhardt kam zu dem Schluß, daß es in den Städten zwar Ansätze zu inneren Bindungen an das römische Reich gab, die sich seit der ausgehenden Republik verstärkten. Doch seien sie bis zum Ende der Republik nicht tragfähig gewesen. Das römische Reich sei in erster Linie durch den Respekt vor der römischen Militärmacht zusammengehalten worden, der sowohl Aufstände als auch Kämpfe der unterworfenen Völkerschaften gegeneinander verhindert habe.

Das Hauptergebnis der hier dargelegten wissenschaftlichen Diskussion, die sich vor allem seit der Mitte der achtziger Jahre entwickelt hat, ist die Infragestellung der meisten bis dahin gültigen Grundvorstellungen und Denkschemata des 19. und beginnenden 20. Jahrhunderts. Sichere Erkenntnis wird nicht zuletzt durch die Ambivalenz auf griechischer wie auf römischer Seite erschwert: bei den Städten die Ambivalenz zwischen der bewußten Einbeziehung Roms in die eigene Außen- und Innenpolitik und dem Beharren auf einem größtmöglichen Maß an Unabhängigkeit, bei Rom diejenige zwischen der energischen, gelegentlich brutalen Durchsetzung der eigenen Ziele und der Abneigung des Senats, sich mit den politischen Angelegenheiten des Ostens über das aus römischer Sicht unbedingt notwendige Maß hinaus zu beschäftigen, sowie einer bemerkenswerten Anpassungsbereitschaft an die griechisch-hellenistischen Formen der Politik. Zu berücksichtigen ist auf römischer Seite auch die nicht selten auftretende Divergenz zwischen den Interessen des Senats und denen einzelner Kommandeure und Statthalter, der *publicani* und einzelner römischer Privatleute im Osten. Als einigermaßen sicher kann gelten, daß die Provinzialherrschaft weder von Rom noch von den Städten angestrebt worden ist.

Es wird auch in Zukunft zu prüfen sein, welche Bedeutung die Zäsuren der römischen Ostpolitik (198/96, 188, 168/67, 148/46, 133/29, 85, die Ordnung des Pompeius und diejenige des Antonius) in den verschiedenen Regionen für die einzelnen Sektoren der römisch-griechischen Beziehungen hatten, bis sich vielleicht eines Tages in den noch strittigen Grundfragen ein stärkerer Konsens auf einer neuen Basis herausbildet.

Bibliographie

Silvio Accame, Il dominio romano in Grecia dalla guerra arcaica ad Augusto. Rom 1946.
Sheila L. Ager, Rhodes: The Rise and Fall of a Neutral Diplomat, in: Historia 40, 1991, 10–41.
Susan E. Alcock, Graecia Capta. The Landscapes of Roman Greece. Cambridge 1993.
Michael C. Alexander, The *legatio Asiatica* of Scaurus: Did It Take Place?, in: TAPhA 111, 1981, 1–9.
José Miguel Alonso-Núñez, Die Weltgeschichte des Poseidonios, in: GB 20, 1994, 87–108.
Walter Ameling, Das Archontat in Bithynien und die *lex provinciae* des Pompeius, in: EA 3, 1984, 19–31.
– Drei Studien zu den Gerichtsbezirken der Provinz Asia in republikanischer Zeit, in: EA 13, 1988, 9–24.
– Lucius Licinius in Chios, in: ZPE 77, 1989, 98–100.
Gabriella Amiotti, I Greci ed il massacro degli Italici nell' 88 a.C., in: Aevum 54, 1980, 132–139.
V. L. Anastasiadis/George A. Souris, Theophanes of Mytilene: A New Inscription Relating to His Early Career, in: Chiron 22, 1992, 377–382.

Ernst Badian, Notes on Roman Policy in Illyria (230–201 B. C.), in: PBSR 20, 1952, 72–93, wiederabgedruckt in: *ders.,* Studies in Greek and Roman History. Oxford 1964, 1–33.
– The Treaty between Rome and the Achaean Laegue, in: JRS 42, 1952, 76–80.
– Foreign *Clientelae* (264–70 B. C.). Oxford 1958 (ND Oxford 1984).
– Rome and Antiochus the Great: A Study in Cold War, in: CPh 54, 1959, 81–99.
– Titus Quinctius Flamininus, Philhellenism and Realpolitik, in: C. G. Boulter/D. W. Bradeen/A. Cameron/J. L. Caskey/A. J. Christopherson/G. M. Cohen/P. Topping (Eds.), University of Cincinnati Classical Studies 2, 1973, 273–327.
– Rome, Athens and Mithridates, in: AJAH 1, 1976, 105–128.
– Publicans and Sinners. 2. Aufl. Ithaca 1983.
– Hegemony and Independence. Prolegomena to a Study of the Relations of Rome and the Hellenistic States in the Second Century B. C., in: Janos Harmatta (Ed.), Proceedings of the VIIth Congress of the International Federation of Classical Studies 1979. Budapest 1984, 397–414.
– Notes on Some Documents from Aphrodisias Concerning Octavian, in: GRBS 25, 1984, 157–170.
Donald Walter Baronowski, The Provincial Status of Mainland Greece after 146 BC: A Criticism of Erich Gruen's View, in: Klio 70, 1988, 448–460.
– *Sub umbra foederis aequi.* The History of the Majesty Clause, in: Phoenix 44, 1990, 345–369.
– The Status of the Greek Cities of Asia Minor after 190 B. C., in: Hermes 119, 1991, 450–463.
Andreas Bastini, Der achaiische Bund als hellenistische Mittelmacht. Frankfurt am Main/New York/Paris 1987.
Holger Behr, Die Selbstdarstellung Sullas. Ein aristokratischer Politiker zwischen persönlichem Machtanspruch und Standessolidarität. Frankfurt am Main/New York/Paris 1993.

Rainer Bernhardt, Imperium und *Eleutheria*. Die römische Politik gegenüber den freien Städten des griechischen Ostens. Diss. phil. Hamburg 1971.
- Zwei Ehrenstatuen in Kaunos für L. Licinius Murena und seinen Sohn Gaius, in: Anadolu 16, 1972, 117–122.
- Die Entwicklung römischer *amici et socii* zu *civitates liberae* in Spanien, in: Historia 24, 1975, 411–424.
- Der Status des 146 v. Chr. unterworfenen Teils Griechenlands bis zur Einrichtung der Provinz Achaia, in: Historia 26, 1977, 62–73.
- Die *Immunitas* der Freistädte, in: Historia 29, 1980, 190–207.
- Polis und römische Herrschaft in der späten Republik (149–31 v. Chr.). (Untersuchungen zur antiken Literatur und Geschichte, Bd. 21.) Berlin/New York 1985.

Jean Marie Bertrand, Langue grecque et administration romaine: de l'ἐπαρχεία τῶν 'Ρωμαίων à l' ἐπαρχεία τῶν Θρᾳκῶν, in: Ktèma 7, 1982, 167–175.
- Rome et la Méditerranée orientale au premier siècle av. J.-C., in: Claude Nicolet (Ed.), Rome et la conquête du monde méditerranéen (264–27 avant J.-C.) 2. (Nouvelle Clio 8 bis.) 2. Aufl. Paris 1989, 789–845.
- Territoire donné, territoire attribué: note sur la pratique de l'attribution dans le monde impérial de Rome, in: Cahiers du Centre Glotz 2, Centre Gustave Glotz, Université Paris 1. Paris 1991, 150–158.
- Inscriptions historiques grecques. Paris 1992.

Jochen Bleicken, Rezension zu Ernst Badian, Foreign *Clientelae*, in: Gnomon 36, 1964, 176–187.
- Geschichte der römischen Republik. (Oldenbourg Grundriß der Geschichte, Bd. 2). 4. Aufl. München 1992.
- Die Verfassung der römischen Republik. 7. Aufl. Paderborn 1995.

Marianne Bonnefond-Coudry, Mythe de Sparte et politique romaine: les relations entre Rome et Sparte au début du IIe siècle av. J.-C., in: Ktèma 12, 1987, 81–110.

Glen Warren Bowersock, Rezension zu Jürgen Deininger, Der politische Widerstand, in: Gnomon 45, 1973, 576–580.

K. R. Bradley, The Chronology of Nero's Visit to Greece A. D. 66/7, in: Latomus 38, 1978, 61–72.

Hartwin Brandt, Gesellschaft und Wirtschaft Pamphyliens und Pisidiens im Altertum. (Asia Minor Studien, Bd. 7.) Bonn 1992, 94–168.

David Braund, Function and Dysfunction: Personal Patronage in Roman Imperialism, in: Andrew Wallace-Hadrill (Ed.), Patronage in Ancient Society. London/New York 1989, 137–152.

Klaus Bringmann/Hans von Steuben (Hrsg.), Schenkungen hellenistischer Herrscher an griechische Städte und Heiligtümer. T. 1: Zeugnisse und Kommentare. Bearb. v. Walter Ameling, Klaus Bringmann u. Barbara Schmidt-Dounas. Berlin 1995.

John Briscoe, Q. Marcius Philippus and *nova sapientia*, in: JRS 54, 1964, 66–77.
- Rome and the Class Struggle in the Greek States 200–146 B. C., in: P & P 36, 1967, 3–20, wiederabgedr. in: Moses I. Finley (Ed.), Studies in Ancient Society. London 1974, 53–73.
- Rezension zu Jürgen Deininger, Der politische Widerstand, in: CR 24, 1974, 258–261.
- A Commentary on Livy Books XXXI–XXXIII; Books XXXIV–XXXVII. Oxford 1973/81.

Kai Brodersen, Appians Abriß der Seleukidengeschichte. München 1989.
- Appians Antiochike. München 1991.

Glenn Richard Bugh, Athenion and Aristion of Athens, in: Phoenix 46, 1992, 108–123.

Kostas Buraselis, Rezension zu Andrew William Lintott, *Imperium Romanum*, in: JRS 85, 1995, 253–256.

Maria Domitilla Campanile, L'iscrizione neroniana sulla libertà ai Greci, in: Virgilio Biagio (Ed.), Studi ellenistici. Vol. 3. Pisa 1990, 191–224.
Edwin M. Carawan, Graecia Liberata and the Role of Flamininus in Livy's Fourth Decade, in: TAPhA 118, 1988, 209–252.
Paul Cartledge/Anthony Spawforth, Hellenistic and Roman Sparta. A Tale of Two Cities. London/New York 1989.
G. Chiranky, Rome and Cotys. Two Problems: I. The Diplomacy of 167 B.C.; II. The Date of Sylloge³ 656, in: Athenaeum 60, 1982, 461–481.
Guido Clemente, „Esperti" ambasciatori del senato e la formazione della politica estera romana tra il III e il II secolo a. C., in: Athenaeum 54, 1976, 319–352.
Thomas Corsten, Der Hilferuf des Akarnanischen Bundes an Rom. Zum Beginn des römischen Eingreifens in Griechenland, in: ZPE 94, 1992, 195–210.
Michael Crawford, Origini e sviluppi del sistema provinciale romano, in: Arnaldo Momigliano (Ed.), Storia di Roma. Vol. 2/1. Turin 1990, 91–129.

Werner Dahlheim, Struktur und Entwicklung des römischen Völkerrechts im dritten und zweiten Jahrhundert v. Chr. (Vestigia, Bd. 8.) München 1968.
– Gewalt und Herrschaft. Das provinziale Herrschaftssystem der römischen Republik. Berlin/New York 1977.
Jürgen Deininger, Der politische Widerstand gegen Rom in Griechenland. Berlin/New-York 1971.
– Rezension zu Susan E. Alcock, *Graecia Capta*, in: HZ 260, 1995, 179–181.
Harry J. Dell, The Origin and Nature of Illyrian Piracy, in: Historia 16, 1967, 344–358.
– Macedon and Rome: The Illyrian Question in the Early Second Century B.C., in: Ancient Macedonia. Vol. 2. Thessaloniki 1977, 305–315.
Francesco De Martino, Storia della costituzione romana. Vol. 2 u. 3. 2. Aufl. Neapel 1973.
– *Il senatusconsultum de agro Pergameno*, in: PP 38, 1983, 161–190.
Peter Sidney Derow, Rezension zu Jürgen Deininger, Der politische Widerstand, in: Phoenix 26, 1972, 303–311.
– Kleemporos, in: Phoenix 27, 1973, 118–134.
– Rome, the Fall of Macedon, and the Sack of Corinth, in: CAH 8, 1989, 290–323.
– Rezension zu Jean-Louis Ferrary, Philhellénisme, in: JRS 80, 1990, 197–200.
– Pharos and Rome, in: ZPE 88, 1991, 261–270.
Ignazio Didu, La fine della confederazione achea: lotta politica e rapporti con Roma dal 180 al 146 A. C. Cagliari 1993.
Alois Dreizehnter, Pompeius als Städtegründer, in: Chiron 5, 1975, 213–245.

Arthur Myron Eckstein, Nabis and Flamininus on the Argive Revolutions of 198 and 197 B.C., in: GRBS 28, 1987, 213–233.
– Polybius, the Achaeans and the „Freedom of the Greeks", in: GRBS 31, 1990, 45–71.
– Rezension zu Jean-Louis Ferrary, Philhellénisme, in: AJPh 112, 1991, 132–135.
Claude F. Eilers, Cn. Domitius and Samos: A New Extortion Trial (IGR 4, 968), in: ZPE 89, 1991, 167–178.
Helmut Engelmann/Dieter Knibbe, Das Zollgesetz der Provinz Asia. Eine neue Inschrift aus Ephesos, in: EA 14, 1989.
Robert Malcolm Errington, Philopoemen. Oxford 1969.
– Rom, Antiochos der Große und die Asylie von Teos, in: ZPE 39, 1980, 279–284.
– Θεὰ 'Ρώμη und römischer Einfluß südlich des Mänders im 2. Jh. v. Chr., in: Chiron 17, 1987, 97–118.
– Aspects of Roman Acculturation in the East under the Republic, in: Alte Geschichte und Wissenschaftsgeschichte. Festschrift Karl Christ. Darmstadt 1988, 140–157.

- Rome and Greece to 205 B. C., in: CAH 8, 1989, 81–106.
- Rome against Philip and Antiochus, in: CAH 8, 1989, 244–289.
- Neue Forschungen zu den Ursachen der römischen Expansion im 3. und 2. Jahrhundert v. Chr., in: HZ 250, 1990, 93–106.
- Rezension zu Jean-Louis Ferrary, Philhellénisme, in: Gnomon 63, 1991, 119–124.

Andrew Erskine, The Romans as Common Benefactors, in: Historia 43, 1994, 70–87.

Carla Fayer, Il Culto della dea Roma. Origine e diffusione nell' Impero. Pescara 1976.
- Il culto del Demos dei Romani, in: StR 26, 1978, 461–477.

J. Rufus Fears, Ο ΔΗΜΟΣ Ο ΡΩΜΑΙΩΝ *Genius Populi Romani*. A Note on the Origins of Dea Roma, in: Mnemosyne 31, 1978, 274–286.

Jean-Louis Ferrary, La *Lex Antonia de Termessibus*, in: Athenaeum 63, 1985, 419–457.
- Les Romains de la république et les démocraties grecques, in: Rivista internazionale per la storia economica e sociale dell'antichità – International Journal for Social and Economic History of Antiquity 6/8, 1987/89, 203–216.
- Philhellénisme et impérialisme. Aspects idéologiques de la conquête romaine du monde hellénistique, de la seconde guerre de Macédoine à la guerre contre Mithridate. (Bibliothéque des Ecoles françaises d'Athènes et de Rome, Vol. 271.) Rom 1988.
- Rome, les Balkans, la Grèce et l'Orient au deuxième siècle av. J.-C., in: Claude Nicolet (Ed.), Rome et la conquête du monde méditerranéen (264–27 avant J.-C.) 2. (Nouvelle Clio 8 bis.) 2.Aufl. Paris 1989, 729–788.
- Traité et domination romaine dans le monde hellénique, in: Luciano Canfora/Pado Liverani/Carlo Zaccagnini (Eds.), I trattati nel mondo antico. Atti del convegno Roma 14–15 marzo 1986. Rom 1990, 217–235.
- Le statut des cités libres dans l'Empire romain à la lumière des inscriptions de Claros, in: CRAI 1991, 557–577.

William George Forrest, Rezension zu Johannes Hendrik Thiel, A History of Roman Sea-Power before the Second Punic War. Amsterdam 1954, in: JRS 46, 1956, 169–171.

Bettie Forte, Rome and the Romans as the Greeks Saw Them. (Papers and Monographs of the American School in Rome, Vol. 24.) Rom 1972.

Philipp-Stephan Graham Freber, Der hellenistische Osten und das Illyricum unter Caesar. Stuttgart 1993.

Harald Fuchs, Der geistige Widerstand gegen Rom in der antiken Welt. Berlin 1938, ND Berlin 1964.

Alexander Fuks, Social Revolution in Greece in the Hellenistic Age, in: PP 111, 1966, 437–448, wiederabgedruckt in: ders., Social Conflict in Ancient Greece. Jerusalem/Leiden 1984, 40–51.
- The *Bellum Achaicum* and Its Social Aspect, in: JHS 90, 1970, 78–89, wiederabgedruckt in: ders., Social Conflict in Ancient Greece. Jerusalem/Leiden 1984, 270–289.

Peter Funke/Hans-Joachim Gehrke/Lazaros Kolonas, Ein neues Proxeniedekret des Akarnanischen Bundes, in: Klio 75, 1993, 131–144.

Emilio Gabba, Storiografia greca e imperialismo romano (III–I sec. a.C.), in: RSI 86, 1974, 625–642.

Paul A. Gallivan, Nero's Liberation of Greece, in: Hermes 101,1973, 230–234.

Peter Garnsey/Richard Saller, The Roman Empire. Economy, Society and Culture. London 1987.

Jörg-Dieter Gauger, Phlegon von Tralleis, mirab. III. Zu einem Dokument geistigen Widerstandes gegen Rom, in: Chiron 10, 1980, 225–261.
- Der Rom-Hymnus der Melinno (Anth. Lyr. II[2]6, 209–210) und die Vorstellung von der „Ewigkeit" Roms, in: Chiron 14, 1984, 267–299.

Philippe Gauthier, Les cités hellénistiques: épigraphie et histoire des institutions et des régimes politiques, in: Actes du VIIIe Congrès International d'Epigraphie Grecque et Latine. Athen 1984, 82–107.
- Les cités grecques et leur bienfaiteurs (IVe–Ier siècle avant J.-C.). Contribution à l'histoire des institutions. (BCH, Suppl. 12.) Paris 1985.
- Bulletin épigraphique, in: REG 106, 1993, 465 Nr. 6
- Les cités hellénistiques, in: Mogens Herman Hansen (Ed.), The Ancient Greek City State. Kopenhagen 1993, 211–231.

Hans-Joachim Gehrke, Thisbe in Boiotien. Eine Fallstudie zum Thema „Griechische Polis und Römisches Imperium", in: Klio 75, 1993, 145–154.

Alexander Giannini, Paradoxographorum Graecorum Reliquiae. Mailand 1966.

Adalberto Giovannini, Les origines de la 3e guerre de Macédoine, in: BCH 93, 1969, 853–861.
- Review Discussions. Roman Eastern Policy in the Late Republic, in: AJAH 9, 1984, 33–42.

Barbara R. Gold, Pompey and Theophanes of Mytilene, in: AJPh 106, 1985, 312–327.

J. González, P. Cornelius Scipio Aemilianus et Aetoli, in: Athenaeum 74, 1996, 143–156.

Eric William Gray, Rezension zu David Magie, Roman Rule in Asia Minor to the End of the Third Century after Christ. 2 Vols. Princeton 1950, in: JRS 42, 1952, 121–125.

Peter Green, Alexander to Actium. The Historical Evolution of the Hellenistic Age. Berkeley/Los Angeles 1990.

Erich Stephen Gruen, Class Conflict and the Third Macedonian War, in: AJAH 1, 1976, 29–60.
- The Origins of the Achaean War, in: JHS 96, 1976, 46–69.
- Philip V and the Greek Demos, in: Ancient Macedonian Studies in Honor of Charles Farwell Edson. Thessaloniki 1981, 169–182.
- The Hellenistic World and the Coming of Rome. 2 Vols. Berkeley/Los Angeles 1984.

Erhard Grzybek, Roms Bündnis mit Byzanz (Tac. Ann. 12,62), in: MH 37, 1980, 50–59.

E. Guerber, Cité libre ou stipendiaire? À propos du statut juridique d'Éphèse à l'époque du Haut Empire romain, in: REG 108, 1995, 388–409.

Christian Habicht, Gottmenschentum und griechische Städte. (Zetemata, H. 14.) 2. Aufl. München 1970.
- Ehrung eines thessalischen Politikers in Athen (IG II² 933 + Hesperia 29, 1960, 76 Nr. 154), in: ZPE 20, 1976, 193–199, wiederabgedruckt in: *ders.*, Athen in hellenistischer Zeit. München 1994, 67–72.
- The Seleucids and Their Rivals, in: CAH 8, 1989, 324–387.
- Samos weiht eine Statue des *populus Romanus*, in: MDAI (A) 105, 1990, 259–268.
- Ist ein „Honoratiorenregime" das Kennzeichen der Stadt im späteren Hellenismus?, in: Michael Wörrle/Paul Zanker (Hrsg.), Stadtbild und Bürgerbild im Hellenismus. München 1993, 87–92.
- Athen. Die Geschichte der Stadt in hellenistischer Zeit. München 1995.

Ursula Hackl, Senat und Magistratur in Rom in der Mitte des 2. Jahrhunderts v. Chr. bis zur Diktatur Sullas. Kallmünz 1982.

Nicholas Geoffrey Lemprière Hammond, The Illyrian Atintani, Epirotic Atintanes and the Roman Protectorate, in: JRS 79, 1989, 11–25.

Nicholas Geoffrey Lemprière Hammond/Frank Woodward Walbank, A History of Macedonia. Vol. 3. Oxford 1988.

William Vernon Harris, War and Imperialism in Republican Rome 327–70 B. C. Oxford 1979, Paperback 1985 (with corrections), ND 1992 (with further corrections).

Jean Hatzfeld, Les trafiquants italiens dans l'Orient hellénique. Paris 1919.

Herbert Heftner, Plutarch und der Aufstieg des Pompeius. Ein historischer Kommentar zu

Plutarchs Pompeiusvita. T. 1: Kap. 1–45. Frankfurt am Main/Berlin/Bern/New York/ Paris/Wien 1995.
Bruno Helly, Les Italiens en Thessalie, in: Les bourgeoisies municipales italiennes aux IIe et Ier siècles av. J.-C. Paris/Neapel 1983, 355–380.
Peter Herrmann, Rom und die Asylie griechischer Heiligtümer: Eine Urkunde des Dictators Caesar aus Sardeis, in: Chiron 19,1989, 127–158.
Alfred Heuß, Die völkerrechtlichen Grundlagen der römischen Außenpolitik in republikanischer Zeit. (Klio, Beih. NF 18.) Leipzig 1933.
John G. F. Hind, Mithridates, in: CAH 9, 1994, 129–164.
Heinrich Horn, Foederati. Diss. phil. Frankfurt am Main 1930.

Arnold Hugh Martin Jones, The Greek City from Alexander to Justinian. Oxford 1940.
Christopher Prestige Jones, Rezension zu Ronald Mellor, ΘΕΑ ΡΩΜΗ, in: Phoenix 31, 1977, 77–81.

Robert Morstein Kallet-Marx, Asconius 14–15 Clark and the Date of Q. Mucius Scaevola's Command in Asia, in: CPh 84, 1989, 305–312.
– The Trial of Rutilius Rufus, in: Phoenix 44, 1990, 122–139.
– Hegemony to Empire. The Development of the Roman *Imperium* in the East from 148 to 62 B. C. Berkeley/Los Angeles/Oxford 1995.
– Quintus Fabius Maximus and the Dyme Affair (Syll.^{3} 684), in: CQ 45, 1995, 129–135.
Nadav Kashtan, L'impérialisme romain et la Ligue achéenne (201–180 av. J.-C.): l'ambiguité au service de Rome, in: Ktèma 8, 1982, 211–220.
Arthur Keaveney, Sulla. The Last Republican. London/Cambridge 1982.
Ian G. Kidd, Poseidonius, II. The Commentary. 2 Vols. Cambridge 1988.
Dietmar Kienast, Entstehung und Aufbau des römischen Reiches, in: ZRG RA 85, 1968, 330–367.
Denis Knoepfler, Contributions à l'épigraphie de Chalcis, in: BCH 114, 1990, 473–498.
Sylvia Kreuter, Die Beziehungen zwischen Rom und Kreta vom Beginn des zweiten Jahrhunderts v. Chr. bis zur Einrichtung der römischen Provinz, in: Rom und der griechische Osten. Festschrift Hatto H. Schmitt. Stuttgart 1995, 135–150.

Jakob Aall Ottesen Larsen, Was Greece free between 196 and 146 B. C.?, in: CPh 30, 1935, 193–214.
François Lasserre, Strabon devant l'Empire romain, in: ANRW II 30/1, 1982, 867–896.
Otto Lendle, Einführung in die griechische Geschichtsschreibung. Von Hekataios bis Zosimos. Darmstadt 1992.
Wolfgang Leschhorn, Antike Ären. Zeitrechnung, Politik und Geschichte im Schwarzmeerraum und in Kleinasien nördlich des Tauros. (Historia, Einzelschriften, Bd. 81.) Stuttgart 1993.
B. Lévy, When Did Nero Liberate Greece and Why?, in: Athanase D. Rizakis (Hrsg.), Achaia und Elis in der Antike (Akten des 1. Internationalen Symposiums Athen, 19.–21. Mai 1989.) Athen 1991, 189–194.
R. G. Lewis, Sulla and Smyrna, in: CQ 41, 1991, 126–129.
Andrew William Lintott, Imperium Romanum. Politics and Administration. London/New York 1993.
– The Roman Empire and Its Problems in the Late Second Century, in: CAH 9, 1994, 31–39.
Giuseppe Ignazio Luzzato, Roma e le provincie. 2 Vols. (Storia di Roma, 17.) Bologna 1985.

Hasan Malay/Georg Petzl, Ehrenbeschlüsse für den Sohn des Anaximbrotos aus Gordos, in: EA 3, 1984, 157–165.
Jürgen Malitz, Die Historien des Poseidonios. (Zetemata, H. 97.) München 1983.
Gabriele Marasco, Interessi commerciali e fatori politici nella condotta romana in Illiria 230–219 a.C., in: SCO 36, 1986, 35–112.
Christian Marek, Karien im Ersten Mithridatischen Krieg, in: Alte Geschichte und Wissenschaftsgeschichte. Festschrift Karl Christ. Darmstadt 1988, 285–308.
A. J. Marshall, Friends of the Roman People, in: AJPh 89, 1968, 39–55.
Harald B. Mattingly, Rome's Earliest Relations with Byzantium, Heraclea Pontica and Callatis, in: Ancient Bulgaria. Papers presented to the International Symposium on the Ancient History and Archaeology of Bulgaria, University of Nottingham, 1981. Nottingham 1983, 239–252.
Brian C. McGing, The Foreign Policy of Mithridates VI Eupator King of Pontus. (Mnemosyne, Supplement, Vol. 89.) Leiden 1986.
– The Ephesian Customs Law and the Third Mithridatic War, in: ZPE 109, 1995, 283–288.
Klaus Meister, Die griechische Geschichtsschreibung. Von den Anfängen bis zum Ende des Hellenismus. Stuttgart/Berlin/Köln 1990.
Ronald Mellor, ΘΕΑ ΡΩΜΗ, The Worship of the Goddess Roma in the Greek World. (Hypomnemata, H. 42.) Göttingen 1975.
– The Goddess Roma, in: ANRW II 17, 2, 1981, 950–1030.
Doron Mendels, The Attitude of Antiochus III towards the Class Struggle in Greece (192–191 B. C.), in: RSA 8, 1978, 27–38.
– Perseus and the Socio-Economic Question in Greece (179–172/1 B. C.). A Study in Roman Propaganda, in: AncSoc 9, 1978, 55–73.
Ernst Meyer, Römischer Staat und Staatsgedanke. 4. Aufl. München 1975.
Christian Mileta, Der Aristonikosaufstand, in: Altertum 31, 1985, 119–123.
– Zur Vorgeschichte und Entstehung der Gerichtsbezirke der Provinz Asia, in: Klio 72, 1990, 427–444.
Arnaldo Momigliano, Alien Wisdom. The Limits of Hellenization. Cambridge 1975.
Theodor Mommsen, Römisches Staatsrecht. Bd. 3/1. Leipzig 1887, ND Darmstadt 1963.
Luigi Moretti, Chio e la lupa capitolina, in: RFIC 108, 1980, 33–54, wiederabgedruckt in: ders., Tra epigrafia e storia. Scritti scelti e annotati. Rom 1990, 93–114.
Domenico Musti, Polibio negli studi dell'ultimo ventennio (1950–1970), in: ANRW I 2, 1972, 1114–1181.

Claude Nicolet, Insula sacra. La loi Gabinia Calpurnia de Delos (58 av. J.-C.). Édition et commentaire sous la direction de Claude Nicolet par Jean-Christian Dumont, Jean-Louis Ferrary, Philippe Moreau et Claude Nicolet. (Collection École Française de Rome, 45.) Paris/Rom 1980.
– Le *Monumentum Ephesenum* et les dîmes d'Asie, in: BCH 115, 1991, 465–480.
– L',impérialisme' romain, in: Claude Nicolet (Ed.), Rome et la conquête du monde méditerranéen (264–27 avant J.-C.) 2. (Nouvelle Clio 8 bis.) 2. Aufl. Paris 1989, 883–920.
– Le *Monumentum Ephesenum* et la délimitation du *portorium* d'Asie, in: MEFRA 105, 1993, 929–959.
Dieter Nörr, Imperium und Polis in der hohen Prinzipatszeit. (Münchener Beiträge zur Papyrusforschung und antiken Rechtsgeschichte, H. 50.) 2. Aufl. München 1969.
Harald Nottmeyer, Polybios und das Ende des Achaierbundes. Untersuchungen zu den römisch-achaiischen Beziehungen ausgehend von der Mission des Kallikrates bis zur Zerstörung Korinths. München 1995.

J. L. O'Neil, The Political Elites of the Achaian and Aitolian Leagues, in: AncSoc 15–17, 1984–86, 33–54.
Wolfgang Orth, Demosfreundliche Tendenzen in der Zeit des Kaisers Claudius, in: *Migratio et Commutatio.* Studien zur alten Geschichte und deren Nachleben. Festschrift Thomas Pekáry. St. Katharinen 1989, 50–59.

R. W. Parker, Potamon of Mytilene and His Family, in: ZPE 85, 1991, 115–129.
Alfredo Passerini, I Moti politico-sociali della Grecia e i Romani, in: Athenaeum 11,1933, 309–335.
Massimiliano Pavan, Nerone e la libertà ai Greci, in: PP 39, 1984, 342–361.
Leo Peppe, Sulla giurisdizione in *populos liberos* del governatore provinciale al tempo di Cicerone. (Pubblicazioni della Facoltà di Giurisprudenza della Università di Pisa, 104.) Mailand 1988.
Olaf Perlwitz, Titus Pomponius Atticus. Untersuchungen zur Person eines einflußreichen Ritters in der ausgehenden römischen Republik. (Hermes, Einzelschriften, H. 58.) Stuttgart 1992.
Georg Petzl, Die Inschriften von Smyrna, Bd. 2, Nr. 589. (IK 24,1.) Bonn 1987.
Karl-Ernst Petzold, Studien zur Methode des Polybios und zu ihrer historischen Auswertung. (Vestigia, Bd. 9.) München 1969.
– Rom und Illyrien, in: Historia 20, 1971, 199–223.
– Griechischer Einfluß auf die Anfänge römischer Ostpolitik, in: Historia 41, 1992, 205–245.
Hartel Pohl, Die römische Politik und die Piraterie im östlichen Mittelmeer vom 3. bis zum 1. Jh. v. Chr. (Untersuchungen zur antiken Literatur und Geschichte, Bd. 42.) Berlin/ New York 1993.

Friedemann Quaß, Zur Verfassung der griechischen Städte im Hellenismus, in: Chiron 9, 1979, 37–52.
– Zum Einfluß der römischen Nobilität auf das Honoratiorenregime in den Städten des griechischen Ostens, in: Hermes 112, 1984, 199–215.
– Die Honoratiorenschicht in den Städten des griechischen Ostens. Untersuchungen zur politischen und sozialen Entwicklung in hellenistischer und römischer Zeit. Stuttgart 1993.

Leo Raditsa, Bella Macedonica, in: ANRW I 1, 1972, 564–589.
Joyce Reynolds, Aphrodisias and Rome. (JRS Monographs, No. 1.) London 1982.
– New Evidence for the Social History of Aphrodisias, in: Edmond Frézouls (Ed.), Sociétés urbaines, sociétés rurales dans l'Asie Mineure et la Syrie hellénistiques et romaines (Actes du colloque organisé à Strasbourg, novembre 1985.) Straßburg 1987, 107–113.
John Rich, Patronage and Interstate Relations in the Roman Republic, in: Andrew Wallace-Hadrill (Ed.), Leicester-Nottingham Studies in Ancient Society. Vol. 1. London/New York 1989, 117–135.
John S. Richardson, The Purpose of the *Lex Calpurnia de repetundis,* in: JRS 77, 1987, 1–12.
– The Administration of the Empire, in: CAH 9, 1994, 564–598.
Kent J. Rigsby, Provincia Asia, in: TAPhA 118, 1988, 123–153.
Jeanne u. Louis Robert, Documents d'Asie mineure, in: BCH 108, 1984, 457–532.
Louis u. Jeanne Robert, Claros I. Décrets hellénistiques, Fasc. 1. Paris 1989.
Guy MacLean Rogers, The Assembly of Imperial Ephesos, in: ZPE 94, 1992, 224–228.

Geoffrey Emerson Minor de Sainte Croix, The Class Struggle in the Ancient Greek World from the Archaic Age to the Arab Conquest. London 1981.
Mustafa H. Sayar/Peter Siewert/Hans Taeuber, Asylie – Erklärungen des Sulla und des Lucullus für das Isis- und Sarapisheiligtum von Mopsuhestia (Ostkilikien), in: Tyche 9, 1994, 113–130.
Hatto H. Schmitt, Rom und Rhodos. Geschichte ihrer politischen Beziehungen seit der ersten Berührung bis zum Aufgehen des Inselstaates im römischen Weltreich. (Münchener Beiträge zur Papyrusforschung und antiken Rechtsgeschichte, H. 40.) München 1957.
– Die Staatsverträge des Altertums. Bd. 3 (338 bis 200 v. Chr.). München 1969.
Raimund Schulz, Herrschaft und Regierung. Roms Regiment in den Provinzen in der Zeit der Republik. Paderborn/München/Wien/Zürich 1997.
Thomas Schwertfeger, Der Achaiische Bund von 146 bis 27 v. Chr. (Vestigia, Bd.19.) München 1974.
Rita Scuderi, Decreti del senato per controversie di confine in età repubblicana, in: Athenaeum 79, 1991, 371–415.
Robin Seager, The Freedom of the Greeks of Asia: From Alexander to Antiochus, in: CQ 31, 1981, 106–112.
Robert Kenneth Sherk, Roman Documents from the Greek East. Baltimore 1969.
Adrian Nicholas Sherwin-White, The Roman Citizenship. 2. Aufl. Oxford 1973.
– Roman Foreign Policy in the East 168 B. C. to A. D. 1. London 1984.
– Lucullus, Pompey and the East, in: CAH 9, 1994, 229–273.
Susan M. Sherwin-White, Ancient Cos. An Historical Study from the Dorian Settlement to the Imperial Period. (Hypomnemata, H. 51.) Göttingen 1978.
Jacob Stern, Le traité d'alliance entre Rome et Maronée, in: BCH 111, 1987, 501–509.

Christian Storm, Freiheit als Geschenk? Identische Mechanismen in der Darstellung des römischen Freiheitsbegriffs nach Kynoskephalai und Pydna bei Polybios, Livius, Trogus, in: GB 18, 1992, 65–86.

Takashi Tamura, The Political Trends at Greek City-States in Asia Minor during the First Mithridatic War, in: JCS 38, 1990, 61–72.
Willy Theiler, Poseidonios. Die Fragmente. 2 Bde. Berlin/New York 1982.
Johannes Touloumakos, Der Einfluß Roms auf die Staatsform der griechischen Stadtstaaten des Festlandes und der Inseln im ersten und zweiten Jhdt. v. Chr. Diss. phil. Göttingen 1967.
– Zum römischen Gemeindepatronat im griechischen Osten, in: Hermes 118, 1988, 304–324.
Klaus Tuchelt, Frühe Denkmäler Roms in Kleinasien. Beiträge zur archäologischen Überlieferung aus der Zeit der Republik und des Augustus 1: Roma und Promagistrate. (Istanbuler Mitteilungen, Beih. 23.) Tübingen 1979.

Biagio Virgilio, Gli Attalidi di Pergamo. Fama, Eredità, Memoria. Paris 1993.
– La città ellenistica e i suoi „benefattori": Pergamo e Diodoro Pasparo, in: Athenaeum 82, 1994, 299–314.
Dankward Vollmer, Symploke. Das Übergreifen der römischen Expansion auf den griechischen Osten. (Hermes, Einzelschriften, H. 54.) Stuttgart 1990.

Frank Woodward Walbank, Rezension zu Silvio Accame, Il dominio romano, in: JRS 37, 1947, 205–207.
– Political Morality and the Friends of Scipio, in: JRS 55, 1965, 1–16.
– Polybius. Berkeley 1972.
– A Historical Commentary on Polybius. 3 Vols. Oxford 1957–1979.

Gerold Walser, Die Ursachen des ersten römisch-illyrischen Krieges, in: Historia 2, 1954, 308–318.

Robert Werner, Das Problem des Imperialismus und die römische Ostpolitik im zweiten Jahrhundert v. Chr., in: ANRW I 1, 1972, 501–563.

Edouard Will, Histoire politique du monde hellénistique (323–30 av. J.-C.). 2 Vols. 2. Aufl. Nancy 1979/1982.

– Le monde hellénistique, in: Edouard Will/Claude Mossé/Paul Goukowsky (Eds.), Le monde grec et l'Orient. T. 2. 3. Aufl. Paris 1990, 391–493.

Alan John Nisbet Wilson, Emigration from Italy in the Republican Age of Rome. Manchester/New York 1966.

Engelbert Winter, Stadt und Herrschaft in spätrepublikanischer Zeit. Eine neue Pompeius-Inschrift aus Ilion, in: Die Troas. Neue Forschungen zu Neandria und Alexandria Troas 2. (Asia Minor Studien, Bd. 22.) Bonn 1996, 175–194.

T. Yoshimura, Zum römischen *libertas*-Begriff in der Außenpolitik im zweiten Jahrhundert v. Chr., in: AJAH 9, 1984, 1–22.

Giuseppe Zecchini, Polybios zwischen „metus hostilis" und „nova sapientia", in: Tyche 10, 1995, 219–232.

Ruprecht Ziegler, Ären kilikischer Städte und Politik des Pompeius in Südostkleinasien, in: Tyche 8, 1993, 203–219.

Abkürzungsverzeichnis

AJAH	American Journal of Ancient History
AJPh	American Journal of Philology
AncSoc	Ancient Society
AnnEpigr	L'Année épigraphique
ANRW	Hildegard Temporini/Wolfgang Haase (Hrsg.), Aufstieg und Niedergang der Römischen Welt. Berlin/New York
BCH	Bulletin de Correspondence Hellénique
CAH	The Cambridge Ancient History 2. Auflage.
CPh	Classical Philology
CQ	Classical Quarterly
CR	Classical Review
CRAI	Comptes rendues de l'Académie des Inscriptions et Belles Lettres
EA	Epigraphica Anatolica
FGrHist	Felix Jacoby, Die Fragmente der griechischen Historiker. Berlin 1923–1958
GB	Grazer Beiträge, Zeitschrift für die klassische Altertumswissenschaft
GRBS	Greek, Roman and Byzantine Studies
HZ	Historische Zeitschrift
IK	Die Inschriften von Kleinasien
JCS	Journal of Classical Studies, Kyôto
JHS	Journal of Hellenic Studies
JRS	Journal of Roman Studies
MDAI(A)	Mitteilungen des Deutschen Archäologischen Instituts, Athener Abteilung
MEFRA	Mélanges d'Archéologie et d'Histoire de l'École française de Rome, Antiquité
MH	Museum Helveticum
PBSR	Papers of the British School at Rome
PP	La Parola del Passato
P & P	Past and Present
REG	Revue des Études Grecques
RFIC	Rivista di Filologia e di Istruzione Classica
RSA	Rivista storica dell'Antichità

RSI	Rivista Storica Italiana
SCO	Studi Classici e Orientali
SEG	Supplementum Epigraphicum Graecum
StR	Studi Romani
TAPhA	Transactions and Proceedings of the American Philological Association
ZPE	Zeitschrift für Papyrologie und Epigraphik
ZRG RA	Zeitschrift der Savigny-Stiftung für Rechtsgeschichte, Romanistische Abteilung

Register

Abdera 27, 57
Achaia, Achaier, achaiisch, Achaiischer Bund 12, 19, 20, 21, 23, 24, 25, 28, 29, 37, 50, 51, 52, 57, 58, 63, 65, 82, 94, 101
Achaiischer Krieg 28, 51, 52, 55, 57, 94
Aemilius Paulus = L. Aemilius Paul(l)us 86, 88
M. Aemilius Scaurus 70
aemulatio Alexandri 89, vgl. 35, 85
Aeneas 90, 91
Ären 45
Agatharchides von Knidos 92
Agathokles von Kyzikos 90
Agonotheten 55
Agron 11
Ainos 27
Aitoler, Aitolischer Bund 11, 12, 14, 20, 21, 37, 38, 50, 88, 92, 93
Akademie, Akademiker 96
Akarnanen 11, 37
Alabanda 38
Alexandria 92, 93
amicitia, amici, amicus 11, 12, 13, 14, 17, 24, 25, 26, 29, 30, 31, 33, 34, 36, 59, 99, 100, 101, 102
Amisos 85
Amphipolis 88
Andriskoskrieg 28, 65
ἀνεισφορία (s. auch immunitas, Steuerfreiheit) 31
ansässige Römer und Italiker in griechischen Städten 75, 77, 78, 105
Antigonos Doson 19
Antiochos III. 21, 22, 24, 27, 56, 57, 81, 82, 83, 84, 88, 90, 91, 92, 93
antirömisch (s. auch romfeindlich, Romgegner) 34, 51, 53, 55, 56, 58, 60, 74, 75, 90, 91, 92, 93, 96, 97, 98
Antisthenes 92, 93
M. Antonius 43, 45, 46, 61, 64, 71, 105
Apameia 26, 38, 84
Aphrodisias (s. auch Plarasa/Aphrodisias) 39, 50, 53, 63
Apollodor 92
Apollonia 13, 36
Appian 10, 12, 13, 15, 55

Arbeiter 58
Archontat (Bithynien) 53
Archonten (Athen) 55
Areopag 55
Argos, Argiver 20
Aristainos 19, 101
Aristion 75
Aristonikos 34, 39, 58, 63, 64, 65, 88
Aristophanes von Byzanz 92
Artemis 69 (Samos), 71 (Sardeis)
Asia (Provinz) 34, 35, 39, 45, 52, 58, 63, 64, 65, 66, 67, 68, 70, 74, 92, 102
Astypalaia 39
Asylie 61, 70, 71, 72
Athen, Athener 38, 43, 45, 46, 48, 51, 55, 56, 61, 64, 71, 73, 74, 75, 77, 78, 89, 93, 96
Athena Ilias 91
Athene 43
Athenion 75, 93
Attalidenreich, attalidisch (s. auch Pergamon) 42, 58, 64, 67, 68, 92
Attalos I. 22
Attalos III. 34, 35, 58
Atticus = T. Pomponius Atticus 77
auctoritas 23
Augustus 33, 40, 64, 66
αὐτονομία, Autonomie 29, 31, 72

bellum iustum 91
beneficium (s. auch: Wohltäter) 16, 43, 47, 71
Besatzungsfreiheit 31
Bithynia, Bithynien 53, 55, 63
Boiotien 56, 57
Bourgeoisie 48
Brutus 61
Bürgerkriege, römische 64, 76, 77, 78, 105
Bürgerrecht, römisches 59, 60, 73, 78, 103
Bule, βουλή, Buleuten (s. auch Rat) 53
Byzanz 37

M. Caecilius Metellus 81
Caesar 34, 35, 40, 43, 45, 68, 71, 72
Cassius 61
Chalkis 20, 37, 43, 53

Chios 42, 48, 67
Cicero 17, 60, 66, 69, 86, 88
Cilicia (s. auch Kilikien) 66
civitas foederata, civitates foederatae
  (s. auch föderiert, foedus) 30, 32, 40, 41,
  52
civitas libera, civitates liberae (s. auch
  populi liberi) 15, 16, 17, 30, 31, 32, 33,
  34, 35, 40, 41, 52, 59, 67, 101
civitates stipendiariae 14, 29, 30, 31, 32,
  34, 35, 72, 101
Claros 48, 64, 67
Ap. Claudius Nero 82
Ap. Claudius Pulcher 84
clientela (s. auch Klientelstaaten, Klientelverhältnis) 16, 24, 102
comitia centuriata 81, 83
conventus civium Romanorum 77
P. Cornelius Lentulus 82
P. Cornelius Scipio Aemilianus 47
Crassus = P. Licinius Crassus 83

Damiurg 51
decuma 68
decumanum frumentum 17
deditio, Dedition 13, 20, 22, 29
Delos 43, 64, 75, 77, 78
Delphi 31, 61, 80, 88, 91
Demen, δῆμοι, δῆμος 34
Demetrias 20, 21
Demetrios von Skepsis 91, 92
Demokraten, δημοκρατία, Demokratie,
  demokratisch 23, 24, 30, 50, 51, 52, 53
  (πάτριος δημοκρατία δημοκρατία
  ἀδούλωτος) 54, 55, 102
Demos von Athen (Kult) 43
Demos Romaion, δῆμος 'Ρωμαίων (Kult)
  42/43, 43, 102
Diaios 28
dignitas 23, 28, 85
Dikasterien 52
Diokles von Peparethos 90
Dionysios von Halikarnassos 90, 92
dionysische Techniten 74
Dionysos 43
Dyme 28, 29, 51, 52, 60
Dynasten 64

Edikt 66
Ekklesie (s. auch Volksversammlung) 53
Elaia 39
ἐλευθερία, ἐλεύθερος 11, 13, 15, 22, 23,
  24, 28, 29, 30, 31, 34, 35, 100
Ephebie 77, 78
Ephesos 35, 50, 64, 66, 68

Ephoros 86
Epidamnos 13, 36
Epidauros 40, 80
Epikur, Epikuräer 96
Epimeleten (Delos) 55
Epiroten 36
ἔθνη, ἔθνος 34
εὐεργεσία 47
εὐχαριστία 47
Euergeten, εὐεργέτης, Euergetes 45, 46,
  47, 48, 49, 50, 102
Eumenes II. 22
εὐνομία 72

Q. Fabius Maximus 51, 53
Fabius Pictor 90, 91
fides, πίστις 25, 42, 54, 91
Fimbria 70
Flamininus, = T. Quinctius Flamininus 18,
  19, 20, 21, 22, 24, 33, 43, 44, 79, 81, 82,
  83, 84, 85, 86, 87, 88, 91, 101
foederati 32, 40
föderiert 25, 30, 36, 40, 74
foedera, foedus, (s. auch civitates foederatae, foederati) 14, 15, 16, 17, 29, 30,
  32, 36, 37, 38, 39, 40, 41, 70, 72, 100, 101
formula 66
formula sociorum 29
Freigelassene 45, 47, 73
Freiheit, frei (s. auch ἐλευθερία) 13, 15,
  16, 17, 18, 19, 20, 21, 22, 23, 24, 25, 27,
  28, 29, 30, 31, 32, 33, 34, 35, 42, 44, 65,
  91, 94, 99, 101
Freiheitsbegriff 23, 24, 27, 30, 31, 32, 101
Freiheitserklärung, -deklaration, -gewäh-
  rung, -proklamation, -verleihung 16, 18,
  19, 20, 21, 22, 26, 27, 31, 32/33, 35, 39,
  40, 84, 92, 99, 100, 101
Freiheitsformel, -parole 19, 20, 21
Freiheitsgarantie 19, 22
Freiheitsideologie 21
Freiheitspropaganda 18, 24
Freiheitstradition 18, 19
Freilassung 20, 27, 34
Freistaaten, Freistadt, Freistädte, freistäd-
  tisch, (s. auch civitates liberae) 13, 16,
  17, 30, 31, 32, 33, 33/34, 34, 35, 36, 40,
  53, 63, 67, 69, 72, 104
Führungsschicht, römische 53, 86, 87
Führungsschicht (in den Städten)
  (s. auch Oberschicht) 50, 75
Fulvia 45
Fulvii 79
Fulvius Nobilior = M. Fulvius Nobilior 86
L. Furius Purpurio 82

A. Gabinius 68
Geldverleiher 78
Genius Populi Romani 43
gens Fabia 80
Gerichtsbarkeit, -verfahren (s. auch Jurisdiktion, Rechtsprechung) 34, 59, 60, 66, 67, 104
Gerichtsbezirke 67, 68
Gesandtschaften (der Städte) 12, 45, 69, 71
Getreidespekulanten 61
C. Gracchus = C. Sempronius Gracchus 68
Ti. Gracchus = Ti. Sempronius Gracchus 63

Handwerker 58
Hegemon, hegemonial, Hegemonialanspruch, Hegemonie, 15, 17, 18, 19, 21, 22/23, 25, 27, 89, 92, 95, 99, 100
Hegesianax von Alexandria Troas 90, 92
Hellenenbund 19
Heraclea Pontica 37
Herakleia am Latmos 82
Herodot 86
Hestia 43
Homer 90, 92
honesti homines 55
Honoratiorenschicht (in den Städten) 50
Hoplitenstrategen 55
Hortensius, L. 83
humanitas 86

Ilion 48, 70, 91, 92
Illyrer, Illyrien, illyrisch 11, 12, 13, 14, 15, 18, 20, 23, 25, 27, 31, 32, 79, 88, 99
Illyrische Kriege 11, 16, 23, 27, 31, 36, 99
immunitas, immunis, (s. auch ἀνεισφορία, Steuerfreiheit) 17, 31, 33, 70
Imperialismus, imperialistisch 23, 25, 26, 88, 92
imperium 9, 23, 27, 28, 32, 33, 34, 35, 37, 39, 40, 41, 62, 64, 65, 66, 68, 69, 70, 71, 85, 86, 91
Isis 43, 70
Isokrates 86
ἰσότης 23
Issa 12, 13, 36

Juden(tum) 64, 97
Juppiter Capitolinus 44
Jurisdiktion (s. auch Gerichtsbarkeit, Rechtsprechung) 33, 66, 67
Justin 91

Kallatis 39
Kallikrates 25, 26, 28

Karien 27, 35, 42, 45, 63, 73, 74
Karneades 90, 96
Kaunos 27, 35, 45
Kerkyra 13, 36
Kibyra 38
Kilikien, kilikisch (s. auch Cilicia) 45, 63, 70
Klassenkampf 52, 58
Kleitomachos 96
Kleomenes III. 89
Kleopatra 43
Klient 25, 46, 47
Klientel 35, 40, 73
Klientelkönige (s. auch Vasallenfürsten) 59
Klientelstaaten, Klientelvolk (s. auch clientela, Klientelverhältnis) 15, 16, 25, 31, 99
Klientelverhältnis 16, 46, 47, 99, 102
Klientelvertrag 37
Knidos 40
Königsland 34
κοινοὶ εὐεργέται, κοινὸς εὐεργέτης 23, 44
κοινοὶ πολέμιοι ('Ρωμαῖοι) 44
Koinon, Koina 28, 42, 65, 70
Kolonien 72
Kolophon 46, 67, 69
Konventsordnung 67
Konventsort(e) 67
Korinth 16, 19, 20, 21
Koroneia 27, 57
Korsika 12, 14
Kos 50
Kranzspenden 45
Kreta 25, 63
κτίστης 46
Kyrenaika 63, 66
Kyzikos 39

Lampsakos 26, 91
λαός 55
leges 30, 31
leges provinciae 65
λειτουργίαι (s. auch Liturgien, munera) 33, 34
lex Calpurnia de repetundis 69, 70
lex Cornelia 70
lex Iulia de repetundis 34, 70
lex Iunia 70
lex Pompeia 53
lex Porcia 70
lex Rupilia 66
libertas 11, 15, 16, 17, 23, 26, 30, 31, 32, 33, 34, 35, 70, 72, 92, 97, 100
L. Licinius Lucullus (s. auch Lukull) 48

L. Licinius Murena 35, 45
Lissos 13
Liturgien (s. auch λειτουργίαι) 52, 59, 60
Livius 10, 14, 20, 23, 54, 55, 56, 80, 91, 92
C. Livius Salinator 91
Lokris 18
Lokroi 42
Lukull (s. auch L. Licinius Lucullus) 35, 43, 70, 86, 88
Luxus 50
Lykien, Lykischer Bund 27, 42, 44, 93

Macedonia (Provinz) 29, 51, 65, 81
Magna Mater 80, 91
Magnesia am Mäander 37
Magnesia am Sipylos 22, 82
maiestas 38, 40
Makedonen, Makedonien, makedonisch 14, 18, 19, 21, 26, 27, 28, 32, 54, 56, 63, 81, 88, 94
Makedonische Kriege
  Erster 18, 80, 83
  Zweiter 18, 31, 37, 80, 83,
  Dritter 24, 25, 25/26, 26, 38, 56, 57, 82, 83
Manlii 79
Q. Marcius Philippus 83
Marianer 74
Maroneia 27, 36, 39
Medeios 75, 96
Melinno 97, 98
Memnon von Herakleia 37, 91
Messene 37
Methymna 39
Militärdienst 59
Mithridates VI. von Pontos 40, 44, 56, 63, 71, 73, 74, 75, 85, 88, 92, 93
Mithridatische Kriege
  Erster 34, 35, 40, 44, 46, 52, 64, 65, 73, 78, 93, 96, 98, 100, 101, 103
  Dritter 35, 39, 53, 76
Mopsuhestia 70, 85
Mucius Scaevola, Q. 66, 70
Münzmeister 55
munera (s. auch λειτουργίαι) 33, 34, 70
Mytilene 40, 97

Nabis 20, 21
negotiatores 74
Nero 35
Nobilität 50, 59, 94

Oberschicht (in den Städten) 49, 50, 53, 54, 55, 57, 58, 59, 60, 74, 75, 78, 94, 95, 98, 102, 103

Ochlokratie, οἱ ὄχλοι 54, 55
Octavia 43
officia 47
Ogulnii 80
Q. Ogulnius Gallus 80
οἱ ἐν λόγῳ μᾶλλον ὄντες 55
Oligarchen, Oligarchie, oligarchisch 50, 51, 52, 53, 55, 57, 59, 94, 102, 103
Oracula Sibyllina 97
ordo senatorius (in den Städten) 52

Pagai 52
παιδεία 86
Panaitios 86, 95
Parther(reich) 39, 76
πάτριοι νόμοι 53
πάτριος πολιτεία 53
patrocinium (s. auch Patronat, patronus) 16, 47
πάτρων 46, 47, 48, 102
Patronat, patronatus (s. auch patrocinium, patronus, πάτρων, πατρωνεία) 16, 46, 47, 61, 69, 71
πατρωνεία, πατρωνήα 46
patronus (s. auch patrocinium, Patronat) 16, 23, 25, 46, 47, 48, 61, 69, 71
Pausanias 29
Pergamon, pergamenisch (s. auch Attaliden-reich) 22, 27, 34, 39, 58, 63, 64, 69, 80
Peripatetiker, Peripatos 93, 96
Perperna 88
Perseus 24, 27, 54, 56, 88
Pessinus 80, 81
Pharos 13, 15, 36
φιλανθρωπία 86
philarchia 95
φιλέλλην 85, 86
Philhellenismus, philhellenisch 19, 20, 79, 84, 85, 86, 87, 88, 89, 100
φιλία, φιλικός 11, 13, 14, 33, 34, 100, 101
Philipp V. 13, 18, 20, 27, 56, 79, 81
philodoxia 20, 88
Philon von Larisa 96
Philopoimen 23, 24, 82
Phlegon von Tralleis 92, 93
Phryger, phrygisch 90, 91
Phylarchos 89
Piraterie (s. auch Seeräuber) 12, 50, 73, 74
Plarasa/Aphrodisias (s. auch Aphrodisias) 39
plebs (in den Städten) 55, 56
(τὸ) πλῆθος 55
Plinius d. J. 53, 55
Plutarch X, 87, 95

Polemon von Ilion 90
(οἱ) πολλοί 55
Polybios 10, 12, 13, 16, 23, 25, 26, 28, 55, 56, 58, 90, 91, 93, 94, 95, 97, 98
Pompeiopolis 45
Pompeius 35, 40, 43, 45, 46, 48, 53, 63, 64, 66, 68, 76, 97, 103, 105
Pompeius Trogus 23
Pontos, Pontus, pontisch 53, 55, 63, 71, 75, 97
populi liberi (s. auch civitates liberae) 30, 32
Poseidonios 10, 87, 96, 97
Postumii 79
Potamon von Mytilene 78
Prekarietät, prekär 13, 22, 33, 99
Priene 37
principes 55, 56
Privileg(ien), privilegiert (s. auch Vorrecht) 17, 21, 22, 32, 33, 34, 35, 40, 50, 58, 59, 60, 61, 67, 69, 70, 71, 72, 73, 74, 75, 76, 85, 101, 103, 104
promakedonisch 56
prorömisch (s. auch Römerfreunde) 25, 28, 37, 38, 55, 56, 57, 60, 90, 94, 96, 97, 98, 103, 104
προστάτης 47
provinciae 65
Provinzialverwaltung 9, 10, 62, 64, 65, 66, 76, 86, 100, 103, 104
Proxenie 46, 47, 57
Prusias ad Hypium 53
publicani 34, 40, 59, 68, 69, 71, 73, 74, 78, 105

Quartiergewährung 59

Rat, städtischer (s. auch Bule) 51, 52, 53, 94 (Conseils)
Rechtsprechung (s. auch Gerichtsbarkeit, Jurisdiktion) 66
Reiterstandbilder 45
Repetundenprozesse 69
Rhodier, rhodisch, Rhodos 22, 27, 28, 38, 42, 44, 48, 61, 93
Römerfreunde, romfreundlich (s. auch prorömisch) 57, 91, 92
Roma-Kult, Kult der Θεὰ 'Ρώμη bzw. Dea Roma 41, 42, 43, 44, 102
Roma-Münzen 42
'Ρωμαῖοι als Begriff im Osten 77
'Ρωμαῖοι εὐεργέται 43, 44
Roma-Spiele, Romaia 42
romfeindlich (s. auch antirömisch, Romgegner) 53, 54, 56, 60, 92, 93, 97

Romgegner 57, 103
Rutilius Rufus 69

Sagunt 12
Samier, Samos 33, 43, 69
Sarapis 70
Sardeis 66, 71
Sardinien 12, 14
Schenkungen (an Städte) 71, 86
Schiedsgericht, Schiedsrichterfunktion, Schiedsrichter(stellung), Schiedssprüche (s. auch Schlichtung von Konflikten) 25, 61, 72
Schlichtung von Konflikten 26
Schulden, Schuldner, verschuldet 34, 53, 56, 59, 78
Schuldenstreichung 51, 52, 53, 75
Scipio Aemilianus = P. Cornelius Scipio Aemilianus 88, 89
Scipio Africanus = P. Cornelius Scipio Africanus 88
Scipionen 81, 82, 86, 88, 91
Seeräuber (s. auch Piraten) 11, 63, 76
P. Sempronius Tuditanus 79, 80
Senatsbeschluß, senatus consultum 29, 34, 41, vgl. 44, 57, 69
Servilii Claudii 81, 82
P. Servilius Isauricus 45
Sibylle 90
Sidon 40
Sinope 85
Sizilien 12, 14, 16, 17, 18, 30, 31, 32, 66, 88, 89
Skepsis 92
Sklaven 48, 49, 58, 75
Smyrna 35, 69
societas, socii, socius 11, 13, 14, 24, 25, 26, 29, 30, 31, 33, 34, 36, 99, 101, 102
Söldner(wesen) 50
Soter, σωτήρ 45, 46, 47, 48, 102
soziale Konflikte 56, 60, 102
(sozial)revolutionär, soziale Revolution 51, 54, 57, 75, 103
Spanien 31
Sparta 20, 21, 37, 89
Stämme 34
Statthalterkult 43, 102
Statuen 45, 102
Steuererhebung (städtische) 61
Steuerfreiheit (s. auch ἀνεισφορία, immunitas) 22, 32, 33, 59, 70
Steuern, Steuerpflicht, steuerpflichtig, Steuersystem (s. auch Tributpflicht) 16, 22, 30, 32, 59, 68
Stoa 96

Strabon 72, 86, 91, 97
Stratonikeia 27, 39
Sulla, sullanisch 33, 34, 35, 40, 43, 45, 51, 52, 53, 55, 59, 63, 64, 65, 66, 70, 71, 88, 103
Sulpicii 79
P. Sulpicius Galba 79, 80, 81, 83
Suprematie (s. auch Vorherrschaft) 9, 14, 16, 22, 24, 25, 26, 27, 53, 54, 55, 65, 66, 87, 88, 99, 100, 101, 102
συμμαχία 11, 13, 36, 100, 101
Synhedrion, συνέδριον 51, 53
Syrien 63, 64, 68, 72, 93

Tabai 39
Termessos 35
Teuta 11, 12, 13
Theophanes von Mytilene 78
Thessalien 18, 52, 54, 77, 94
Thisbe 27, 57
Thraker, Thrakien, thrakisch 21, 39, 65, 75, 90
Thyrreion 39
Timagenes 97
timokratisch 51
Tributpflicht, tributpflichtig (s. auch Steuerpflicht) 22, 27, 29, 33, 65
Troizen 40
Troja, Trojaner 90, 91, 92
Tyrannen, Tyrannis 50, 61, 75, 76, 77, 95, 96, 101
Tyros 40

Unruhen 52, 54
untere soziale Schichten, Unterschicht 52, 54, 55, 56, 57, 58, 60, 73, 74, 102

upper classes 54
upper middle classes 54

Valerii 79, 80
M. Valerius Laevinus 80
Vasallenfürsten (s. auch Klientelkönige) 31, 64
vectigalia 64
Verfassung, Verfassungsänderung, -reform, -reglementierungen 50, 51, 52, 53, 54, 55, 61, 102, 103
Vergil 98
Vermögenszensus 51, 52, 53, 94 (qualification censitaire)
Viergespanne 45
P. Villius Tappulus 79, 81, 83
Volksbeschlüsse (in den Städten) 60
Volksversammlungen (s. auch Ekklesie) 50, 52, 55, 57
Vorherrschaft 79
Vorrechte (s. auch Privilegien) 71, 72
M'.Vulso 82, 93

Wohltäter, Wohltaten (s. auch beneficium) 17, 24, 44, 47, 49, 71, 76, 77, 86, 102
working classes 48

Xenophon 86

Zensoren, griechische 53
Zeus Eleutherios 42
Zoll(gesetz) 34, 35, 68
Zypern 63

www.ingramcontent.com/pod-product-compliance
Lightning Source LLC
Chambersburg PA
CBHW070832300426
44111CB00014B/2535